Erich Buchholz

Gerechtigkeit sieht natürlich anders aus

Warum das Provisorium Grundgesetz
endlich einer modernen Verfassung weichen muss

spotless erscheint im Verlag Das Neue Berlin
Redaktion: Frank Schumann

Bezug im Abonnement: 12 Ausgaben im Jahr
Jahresabonnement Inland 59,50 Euro
Europa 74,50 Euro, Welt 84,50 Euro
Einzelausgabe: 5,95 Euro

ISBN 978-3-360-02074-1

© 2012 spotless im Verlag Das Neue Berlin, Berlin
Umschlaggestaltung/Satz: edition ost
Cover: Unter Verwendung eines Fotos von Robert Allertz
Druck und Bindung: Nørhaven, Viborg

Ein Verlagsverzeichnis schicken wir Ihnen gern:
Das Neue Berlin Verlagsgesellschaft mbH
Neue Grünstr. 18, 10179 Berlin
Fax 01805/35 35 42
Tel. 01805/30 99 99 (0,14 Euro/Min., Mobil max. 0,42 Euro/Min.)

Die Bücher von spotless und des Verlags Das Neue Berlin
erscheinen in der Eulenspiegel Verlagsgruppe.

www.edition-ost.de

Inhalt

Wenn es darum hätte gehen sollen, in einer möglichst breiten Verfassungsdiskussion auch Anfragen und Erfahrungen aus dem Bereich der DDR aufzunehmen, dann muss der Modus der Herstellung der Einheit Deutschlands über den Beitritt der DDR zur Bundesrepublik als verpasste Chance gesamtgesellschaftlicher Verständigungs- und Integrationsmöglichkeiten gesehen werden. Die Räson einer gesamtdeutschen Konstituante hätte somit neben der Revision des Grundgesetzes in einem öffentlichen Diskurs über Formen und Inhalt der Wiedervereinigung gelegen.
Doch der Versuch, Verfassunggebung als nachholende Republikgründung verstehen und durchsetzen zu wollen, scheiterte. [...]
Es scheint, als hätten sich die Deutschen nach 60 Jahren auch gesamtdeutsch an das Grundgesetz so gewöhnt, dass sie es nicht mehr missen möchten, auch wenn es nach ganz überwiegender Meinung fortentwickelt werden sollte.

Hans Vorländer,
in: Die Deutschen und ihre Verfassung,
Das Parlament, 27. April 2009

Worüber reden wir?

Die Bundesbürger leben nun bereits mehrere Jahre unter einem Provisorium: dem Grundgesetz. Die Westdeutschen seit 1949, die Ostdeutschen seit 1990. Soweit ich es übersehe, gibt es weltweit keinen zweiten Staat, der so lange Zeit ohne eine *Verfassung* existiert.

Dass es den Deutschen, die viele bedeutende Juristen hatten und haben, an fachlichem Vermögen mangelt, um eine Verfassung auszuarbeiten, kann ausgeschlossen werden. Woran also liegt es dann, dass diese Republik in der Mitte Europas noch immer keine Verfassung hat, obgleich doch eben jenes Provisorium auftrug, spätestens bei Herstellung der deutschen Einheit sich eine solche zu geben? In Art. 146 dieses Grundgesetzes heißt es konkret, dass es an jenem Tage seine Gültigkeit verlöre, »an dem eine Verfassung in Kraft tritt, die von dem deutschen Volke in freier Entscheidung beschlossen worden ist«.

Zeitgleich mit dem Inkraftsetzen des Grundgesetzes und der Bildung der BRD wurde auch eine Verfassung der DDR verabschiedet. Diese beiden Konstitutionen werde ich nachfolgend zueinander in Beziehung setzen.

Davor, 1945, gab es eine »Allgemeine Erklärung der Menschenrechte«, die später zu zwei völkerrechtlich verbindlichen Konventionen führte, denen auch die BRD beitrat. Daher ist auf diese Erklärung gleichfalls Bezug zu nehmen.

In der deutschen Verfassungsgeschichte gingen dem Grundgesetz der BRD und der Verfassung der DDR die

Weimarer Reichsverfassung voran. Darum erscheint auch eine Bezugnahme auf diese Verfassung angezeigt, weil beide Konstitutionen in dieser oder jener Weise an sie anknüpften.

Vor der Festlegung des »Beitritts der DDR zum Geltungsbereich des Grundgesetzes« erarbeitete der Zentrale Runde Tisch eine »Verfassung der Deutschen Demokratischen Republik«. Auch diesen Text will ich bei meiner Untersuchung nicht unberücksichtigt lassen.

I. Der Rechtscharakter des »Beitritts« – in Ansehung des Grundgesetzes

Die Väter des Grundgesetzes hatten dieses aus gutem Grund ausdrücklich – wie es in der ursprünglichen Präambel heißt – »für eine Übergangszeit« und als ein Provisorium gedacht und ausgearbeitet. In dieser Präambel steht auch: »Das gesamte deutsche Volk bleibt aufgefordert, in freier Selbstbestimmung die Einheit und Freiheit Deutschlands zu vollenden.«

Folgerichtig und ganz in diesem Sinne lautete Art. 146 GG in seiner Originalfassung vom 23. Mai 1949: »Dieses Grundgesetz verliert seine Gültigkeit an dem Tage, an dem eine Verfassung in Kraft tritt, die von dem deutschen Volk in freier Entscheidung beschlossen worden ist.« In seltener Eindeutigkeit wurde durch klare Bestimmung der verfassungsrechtlichen Bedingung die Ablösung des Provisoriums »Grundgesetz« durch eine vom deutschen Volk demokratisch zu beschließende Verfassung terminiert.

Es gab somit eine verfassungsrechtlich präzise, keiner Auslegung erfordernde Verhaltensvorschrift für den Fall der Herbeiführung der Einheit Deutschlands, eine *lex specialis*, einen Verfassungsauftrag, einen verfassungsrechtlichen Gesetzesbefehl für den jeweiligen Bundestag und die jeweilige Bundesregierung. Das heißt: Verfassungsrechtlich war kein Ausweichen, kein Ausscheren aus diesem eindeutigen Gesetzesbefehl zulässig!

Als sich die Möglichkeit der Wiederherstellung der Einheit Deutschlands im Jahre 1990 abzeichnete, war für jeden politisch nicht uninformierten Bürger, für jeden nicht völlig unbedarften Politiker und erst recht für jeden Juristen – zunächst – sonnenklar, wie dieser Weg zur Einheit Deutschlands juristisch abzulaufen hat. An einen anderen Weg dachte – zunächst – (fast?) niemand.

Was aber geschah? Wie handelten die Bundesregierung unter Kanzler Helmut Kohl und die ihn stützende Mehrheit des Bundestages? Wie stellten sie sich zu dem klaren Verfassungsauftrag des Art. 146 GG?

Der Bundestag wie auch die von Kohl mittels der von ihm kreierten »Allianz für Deutschland« beherrschte Volkskammermehrheit erstarrten wie eine von einem Schlangenblick getroffene kleine Maus. Denn Kanzler Kohl hatte zur Verhinderung jeglicher Debatte über den Weg zur Einheit Deutschlands mittels einer Äußerung seines Presse- und Informationsamtes im März 1990 apodiktisch vorgegeben: »Das Verfahren nach Artikel 23 des Grundgesetzes ist Ausdruck des Selbstbestimmungsrechts der Deutschen in der DDR«, das sei »ein rascher Weg, da keine neue Verfassung auszuarbeiten ist«, wäre »ein innen- und außenpolitisch sicherer und zuverlässiger Weg« und »zugleich ein flexibler Weg«.

Dass der von Kohl gewünschte Weg für ihn rasch und einfach und in seinem Sinne »flexibel«, also willkürlich handhabbar war, war damals wie heute unbestritten. Die Kanzlerpartei bzw. die schwarz-gelbe Bonner Regierungskoalition hatte angesichts der erwartbaren Entwicklung nach Herstellung einer Währungs-, Wirtschafts- und Sozialunion mit Ansehensverlusten zu rechnen. Deshalb musste Bonn unbedingt das Heft des Handelns in der Hand behalten und die Phrase vom »Selbstbestimmungsrecht der Deutschen in der DDR« Phrase bleiben. Allein das garantierte der »Beitritt zum Geltungsbereich des Grundgesetzes«.

Das bislang nur den Deutschen in der BRD vorenthaltene »Selbstbestimmungsrecht« sollte nunmehr auch die Deutschen in der DDR einschließen.

Das geschah nach den Volkskammerwahlen im März 1990. Den Ostdeutschen wurde jede substantielle Äußerung zu ihrem Schicksal als DDR-Bürger oder als künftige Bundesbürger – entgegen dem klaren Wortlaut des Art. 146 GG – verwehrt. Sie sollten bezüglich des »Beitritts zum Geltungsbereich des Grundgesetzes« zu keiner Zeit und in keiner Form gehört werden!

Was war der Beitritt – juristisch?

Prof. Dr. Rosemarie Will, einst Staats- und Rechtswissenschaftlerin an der Humboldt-Universität, seit 1996 Mitglied der Grundwertekommission der SPD, beurteilte in ihrem Aufsatz »Der Osten und das Grundgesetz« (1999) das Ergebnis des Beitritts der DDR zum Geltungsbereich des Grundgesetzes nach Art. 23 GG auch in Relation zu dem vom Art. 146 GG gewiesenen Weg einer Volksabstimmung über eine neu auszuarbeitende Verfassung. Sie stellte darin fest, dass mit dem Beitritt auf die Möglichkeit und auf ein erreichbares Resultat verzichtet wurde, eine neue gesamtdeutsche Verfassung zu schaffen. Ebenfalls zutreffend macht sie deutlich – allerdings lediglich auf der Ebene des Verfassungsrechts bzw. der Rechtsebene –, was die Folge des Beitritts war:

nämlich der Fortbestand der Bundesrepublik Deutschland mit ihrem Grundgesetz und ihrer gesamten Rechtsordnung auf der einen Seite und die Ausdehnung dieser auf den Osten auf der anderen Seite.

Das war das Wesen des Beitritts: ein (expandierter) Teilstaat existierte fort, der andere ging spurlos unter.

Untersuchen wir indessen die rechtlichen Voraussetzungen und Grundlagen des Beitritts näher.

Wie lautete dieser Art. 23 GG ursprünglich?

»Geltungsbereich des Grundgesetzes

Dieses Grundgesetz gilt zunächst im Gebiet der Länder«, und: »In anderen Teilen Deutschlands ist es nach deren Beitritt in Kraft zu setzen.«

Dieser Text bestimmt juristisch eindeutig zunächst den räumlichen, aber gleichzeitig auch den zeitlichen Geltungsbereich des Grundgesetzes – vorbehaltlich des bereits erwähnten Art. 146 GG.

Dieses GG soll zunächst im Gebiet der westdeutschen Länder (und auch Groß-Berlins) gelten, wenn diese zugestimmt haben. Dann folgte der im Hinblick auf den »Beitritt« maßgebliche zweite Satz: »In anderen Teilen Deutschlands ist es nach deren Beitritt in Kraft zu setzen.«

Zwei Begriffe sind nachzufragen:

Was sind »Teile Deutschlands«? Warum verwandte der Gesetzgeber den Begriff »Teile« und nicht den für die westdeutschen Länder verwandten Begriff »Länder« bzw. »Gebiet von Ländern«?

Dachten die »Väter des Grundgesetzes«, die eine juristisch klare Sprache benutzten, dabei an die ostdeutschen Länder, die inzwischen ausnahmslos eigene, demokratisch zustande gekommene Verfassungen besaßen? Nein, diese waren eben nicht gemeint. Für diesen Fall hatten die Verfasser des Grundgesetzes den Art. 146 formuliert.

Oder meinten sie damit das Saarland, was realistisch war, oder die Gebiete östlich von Oder und Neiße, was revanchistisch gewesen wäre, denn in Potsdam war deren Verlust von den Siegermächten entschieden worden?

Wie auch immer: Jedenfalls hatten die »Väter des Grundgesetzes« den Art. 23 GG nicht für den Fall der deutschen Einheit geschaffen.

Und nicht zu vergessen: Sie hatten für das Wirksamwerden auch eine bestimmte Abfolge vorgesehen: erst Beitritt, dann In-Kraft-Setzung des Grundgesetzes im Beitrittsgebiet.

All diese Bestimmungen des Grundgesetz interessierten Kanzler Kohl nicht: Er handelte so, als gäbe es keine Gesetze, kein GG. Diese Haltung sollte er auch in anderen Fällen demonstrieren – man erinnere sich der Sache mit den Parteispenden.

Art. 23 GG bestimmte als den *räumlichen Geltungsbereich* des Grundgesetzes die damals zu den westlichen Besatzungszonen gehörenden Länder – im Unterschied dazu war im Art. 146 GG lediglich ein *zeitlicher Geltungsbereich* fixiert.

Allerdings war auch »Groß-Berlin« genannt.

Diese Stadt war – zu jener Zeit – kein deutsches Land wie die anderen dort aufgelisteten Länder. Berlin war die Hauptstadt des militärisch besiegten »Dritten Reiches« und historisch, wirtschaftlich und infrastrukturell mit dem Umland, dem Land Brandenburg, eng verbunden. »Groß-Berlin« lag auf dem Gebiet der Sowjetischen Besatzungszone und war darum keine weitere, also fünfte Besatzungszone, auch wenn dort der Alliierte Kontrollrat als gemeinsames Exekutivorgan der Besatzungsmächte seinen Sitz hatte. Er arbeitete im Gebäude des früheren (Berliner) Kammergerichts und zwar zuständig für ganz Deutschland. Die Stadt selbst wurde zunächst ebenfalls gemeinsam von den vier Mächten verwaltet.

Der Oberbürgermeister Berlins residierte traditionell im Roten Rathaus, wo auch die Stadtverordnetenversammlung ihre Tagungen abhielt.

Die Spaltung Berlins

Die Antihitlerkoalition zerbrach mit der Erledigung ihres Zieles. Nazideutschland hatte bedinglos kapituliert, die Siegermächte nahmen als Besatzungsmächte in den – in Jalta im Februar 1945 und in Potsdam bekräftigten – Zonen ihre Verantwortung wahr. Diese wurden von nationalen Interessen diktiert und führten zunehmend zu Konflikten zwischen den Westmächten und der Sowjetunion. Diese divergierenden Interessen mündeten in den Kalten Krieg.

Ein wesentlicher Schritt zur Teilung Deutschlands war die separate Währungsreform. Ohne Abstimmung mit ihrem einstigen Verbündeten führten die Westmächte sowohl in ihren Zonen als auch in ihren Berliner Sektoren 1948 die D-Mark ein. Die sowjetische Besatzungsmacht wehrte sich mit einer Blockade Westberlins, was zur In-

stallierung der sogenannten Luftbrücke durch die Westmächte führte.

In jener Zeit verließen die Stadtverordneten der drei
westlichen Sektoren das Berliner Parlament und versammelten sich fortan im Schöneberger Rathaus. Sie instal-
lierten dort eine Stadtverwaltung ausschließlich für Westberlin, an deren Spitze ein »Regierender Bürgermeister«
stand. Damit war nach der währungstechnischen und
wirtschaftlichen auch die politische Teilung Berlins vollzogen.

Gleichwohl waren dadurch die Westberliner Sektoren
nicht zu einem eigenständigen Land geworden. Sie gehörten zu keiner westdeutschen Zone und später auch
nicht zur Bundesrepublik. Darauf legten die Westmächte gleichfalls großen Wert.

Die Gründe lagen auf der Hand.

Erstens hatte die Rote Armee Berlin befreit und be-
setzt, die Stadt befand sich auf dem Territorium der sowjetischen Zone. Die Sektoren waren aufgrund der Vereinbarungen von Potsdam zustandegekommen. Das
bedeutete: Die Präsenz der Westmächte in Berlin leitete
sich nur aus Abmachungen der Alliierten und deren ge-
meinsamer Ausübung der Obersten Gewalt in Deutschland ab. Diese Vereinbarungen infrage zu stellen, hätte
zwangsläufig auch die Präsenz der Westmächte durch
die Sowjetunion infrage stellen lassen.

Zweitens brauchten die Westmächte aus politischen,
propagandistischen, militärischen und geheimdienstli-
chen Gründen Westberlin. Die Frontstadt galt, insbesondere in der Hochzeit des Kalten Krieges, als »Pfahl im
Fleisch der DDR«, als »billigste Atombombe des Wes-

tens«, als »Brückenkopf der Freiheit«, als »Schaufenster des Kapitalismus« und nicht zuletzt – Dank der offenen Grenze – als Schlupfloch im »Eisernen Vorhang«.

Deshalb musste der Status quo um jeden Preis erhalten bleiben. Das erklärt, weshalb die Westmächte Vorbehalte artikulierten gegenüber dem Text des Grundgesetzes, dort besonders gegenüber Artikel 23, der de facto »Groß-Berlin« der Bundesrepublik zuschlug. Auch später bestanden sie, so im Zusammenhang mit dem »Vertrag über die Grundlagen der Beziehungen zwischen der Bundesrepublik Deutschland und der Deutschen Demokratischen Republik« vom 21. Dezember 1972, stets auf ihren »Rechten in Berlin«.

So gesehen war Art. 23 der Versuch einer rechtswidrigen Annexion Berlins durch Adenauers »Parlamentarischen Rat«, der den Text in Kraft setzte.

Der besondere Status Westberlins

In den »Pariser Verträgen« vom Oktober 1954, die den Weg der Bundesrepublik Deutschland in die NATO ebneten, wurde ausdrücklich festgelegt, dass in Westberlin weiterhin der Besatzungsstatus aufrechterhalten bleibe. Nach Art. 2 des »Vertrages über die Beziehungen zwischen der Bundesrepublik Deutschland und den Drei Mächten« behielten die USA, Großbritannien und Frankreich »im Hinblick auf die internationale Lage, die bisher die Wiedervereinigung Deutschlands und den Abschluss eines Friedensvertrages verhindert hat, die bisher von ihnen ausgeübten und innegehabten Rechte und Verantwortlichkeiten in Bezug auf Berlin«. Westberlin nahm somit nicht an der sich später entfaltenden Souveränität der Bundesrepublik teil, es unterstand weiterhin der vollen Befehls- und Kommandogewalt der westlichen Militärkommandanten.

Hinsichtlich der Rechtslage galten nach 1945 auch in den Westberliner Stadtbezirken (zunächst) alle überkommenen deutschen Gesetze, soweit sie nicht durch die Alliierten oder deutsche Stellen aufgehoben oder geändert worden waren.

Nach 1949 wurden Gesetze der BRD übernommen, die jedoch zuvor vom Westberliner Abgeordnetenhaus durch sogenannte Übernahmegesetze inkraft gesetzt werden mussten. Sie wurden danach im Westberliner »Gesetz- und Verordnungsblatt« veröffentlicht.

Darüber hinaus galten in Westberlin eine Reihe von Vorschriften der westlichen Besatzungsmächte, namentlich von Strafgesetzen. Weitere Festlegungen der Westberliner Kommandanten machten die Rechte der Besatzungsmächte überdeutlich, so im Tätigwerden von Militärgerichten dieser drei Besatzungsmächte.

Auch auf anderen Gebieten trat der besondere Status Westberlins deutlich hervor: Genannt sei etwa das Fehlen einer Wehrpflicht, die in der BRD – durch die Einfügung eines Art. 12a in das Grundgesetz aufgrund des 17. Gesetzes zur Ergänzung des GG vom 24. Juni 1968 – eingeführt worden war. Das machte Westberlin für viele westdeutsche Jugendliche, die nicht in der Bundeswehr dienen wollten, als Zufluchtsort interessant.

Wenn also Westberlin nicht gemeint sein konnte, wofür der Art. 23 gemacht worden war, auch nicht die

Länder der sowjetischen Besatzungszone und schon gar nicht die ehemaligen deutschen Gebiete jenseits von Oder und Neiße, dann blieb einzig das Saarland übrig, das bekanntlich unter französischer Treuhandschaft stand. Bekanntlich war das »Saargebiet« 1920 infolge des Versailler Vertrages aus dem deutschen Reichsgebiet »ausgegliedert« und dem Völkerbund als Mandatsgebiet unterstellt worden. Das Hitlerreich hatte sich das Territorium nach einem »Volksentscheid« 1935 einverleibt. Zehn Jahre später gehörte es zur französischen Besatzungszone, 1947 wurde es als eine Art Protektorat wirtschaftlich Frankreich angeschlossen.

Nach einer Volksabstimmung 1955 trat das Saarland der Bundesrepublik bei (»kleine Wiedervereinigung«), die Übernahme der D-Mark erfolgte 1959.

Mit dem Beitritt des Saarlandes gemäß Art. 23 GG am 1. Januar 1957 hatte dieser Artikel seine Funktion erfüllt und hätte darum gestrichen werden können.

Er blieb aber erhalten.

Das lässt sich nur mit dem rechtswidrigen, mithin revanchistischen Anspruch auf »Teile Deutschlands« im Osten erklären, die nicht dem »Geltungsbereich des Grundgesetzes« zugehörten, aber im Bonner Selbstverständnis als deutsch und deren Bewohner als Deutsche »im Sinne des Grundgesetzes« galten: also Ost- und Westpreußen, Pommern und Schlesien, manche meinten auch noch die Sudeten, die sich die Nazis 1938 einverleibt hatten.

Die DDR hingegen war nach dem »Grundlagenvertrag« vom 21. Dezember 1972 kein »Teil Deutschlands«, sondern ein auch von Bonn akzeptierter selbständiger souveräner Staat und ein Völkerrechtssubjekt. Selbst die Formel von Willy Brandt von den »zwei Staaten in Deutschland« oder die feine Unterscheidung von Günter Gaus, der nicht Ständiger Vertreter der Bundesrepublik *in* sondern *bei* der DDR sein wollte, machten dies sichtbar.

Kanzler Helmut Kohl und die ihn stützenden Kräfte setzten sich bewusst darüber hinweg.

Dieser Grundlagenvertrag war im Übrigen die völkerrechtliche Voraussetzung dafür, dass 1990 die beiden Staatsverträge zwischen der BRD und der DDR überhaupt hatten geschlossen werden können – wie auch der 2+4-Vertrag im September 1990, der die völlige staatsrechtliche Souveränität beider deutscher Staaten durch die einstigen Siegermächte herstellte. Erst damit endete nach 45 Jahren die Nachkriegs- und Besatzungszeit.

Mit einem »Teil Deutschlands« ohne eigene Völkerrechtssubjektivität hätte die BRD keinen dieser beiden Staatsverträge schließen können. Beide Verträge hätten jeglichen Rechtscharakters entbehrt und wären rechtlich unverbindliche Abmachungen zwischen Personen geblieben.

Was die Rechtslage nach der Verfassung der DDR betrifft: Ein völker- und staatsrechtlicher Zusammenschluss mit einem anderen Staat und damit ein Verlust der eigenen Völkerrechtssubjektivität war in der geltenden DDR-Verfassung von 1974 nicht vorgesehen. Art. 7 dieser Verfassung sicherte die territoriale Integrität der DDR und die Unverletzlichkeit ihrer Staatsgrenzen durch das gebotene Handeln ihrer Staatsorgane. Die Volkskammer der DDR hatte darum auch kein Recht, den eigenen Staat unter Aufgabe seiner Souveränität einem anderen Staat durch »Beitritt« anzuschließen, wie es tatsächlich geschah.

Kurzum: Bei dieser 1990 bestehenden verfassungsrechtlich Lage in beiden deutschen Staaten gab es keine andere Option zur Herstellung der Einheit Deutschlands als die im Art. 146 GG vorgegebene.

Wie sich Kanzler Kohl über die klare Rechtslage hinwegzusetzen wagte und niemand, auch kein bundesdeutscher Jurist, ihm den gebührenden Widerstand entgegensetzte, zeugt von einem höchst bedenklichen Rechtsbewusstsein bei den maßgebenden Personen in der BRD, von einer »Großzügigkeit« gegenüber dem eindeutig gesetzten Recht, gegenüber dem Verfassungsfunktion erfüllenden Grundgesetz, wie sie mir bis dato unvorstellbar erschien.

Soweit die Volkskammer mit einer kohlhörigen Mehrheit die BRD um (einen rechtlich unzulässigen) »Beitritt zum Geltungsbereich des Grundgesetzes« ersuchte, war dies im klassischen Sinne des Wortes »Hochverrat«, ein Kapitalverbrechen.

Bekanntlich gab es im Sommer 1990ff. keinen Ankläger für eine entsprechende Strafverfolgung und daher auch keine Klage wegen Hochverrats gegen wen auch immer.

Im Übrigen hatten Kanzler Kohl und die ihn stützenden DDR-feindlichen Kräfte vorgesorgt, etwa durch Bestimmungen im »Einigungsvertrag«. Niemand konnte demnach den von Kohl im Geiste Adenauers durchgesetzten Beitritt ernsthaft und auch juristisch infrage stellen oder gar anfechten.

Der Wortlaut und die Bindungswirkung des Grundgesetzes waren für Kohl bedeutungslos.

Für ihn – vulgo: für die politisch herrschende Klasse – gab es kein Gesetz, dass ihn resp. sie an der Realisierung dieser Okkupationspolitik hätte hindern können.

Politik hat gegenüber dem Recht, gegenüber Gesetzen und verbindlichen Verträgen Vorrang, schließlich macht die Politik die Gesetze (und kann diese auch wieder abschaffen oder eben brechen).

Die grundgesetzwidrige Erweiterung der BRD um das Staatsgebiet der DDR ist von Grund auf und durch und durch verfassungswidrig, juristisch einzigartig verfassungsrechtliches Unrecht. Daher konnte ein »Beitritt« – wie man mit dem Gießener Verfassungsrechtler Helmut Ridder (1919-2007) sagen kann – de jure gar nicht vollzogen werden.

Er ist ein rechtloses Faktum, eine Annexion, wie wir sie in der Geschichte, namentlich in der Rechtsgeschichte, nur aus Fällen rechtswidriger Okkupation oder Eroberung kennen.

Verfassungsbruch kann einzig durch Verwirklichung des Art. 146 GG behoben werden

Kann dieses Unrecht, das auf Grund der tatsächlichen Machtverhältnisse faktisch nicht korrigiert werden kann, wenigsten juristisch geheilt werden?

Eröffnet dafür die Neufassung des Art. 146 GG eine Möglichkeit? Er lautet jetzt: »Dieses Grundgesetz, das nach der Vollendung der Einheit und Freiheit Deutschlands für das gesamte deutsche Volk gilt, verliert seine Gültigkeit an dem Tage, an dem eine Verfassung in Kraft tritt, die von dem deutschen Volke in freier Entscheidung beschlossen worden ist.«

Die Nähe zur ursprünglichen Fassung dieses Artikels ist unübersehbar.

Eingeschoben wurde nur das Faktum des »Beitritts«, der mit der Wendung »Vollendung der Einheit und Freiheit Deutschlands« kaschiert wird.

Bei den Verhandlungen über den Einigungsvertrag wurden mit den verschiedenen geboten erscheinenden Änderungen des Grundgesetzes, so der Präambel, auch die vorgenannte Änderung des Art. 146 GG im Einigungsvertragsgesetz der BRD vom 31. August 1990 vorgenommen. Eine Streichung von Art. 146 GG schien damals politisch wohl nicht machbar, denn auf eine Überarbeitung des Grundgesetzes drängten viele Menschen sowohl in Ost wie auch in West. Die Folge war ein umfassendes Gesetz zur Änderung des Grundgesetzes am 27. Oktober 1994, aber eben keine neue Verfassung.

Mit diesem Gesetz galt die »Verfassungsdiskussion« als erledigt, Kohl und seine Klasse gingen zur »politischen Tagesordnung« über.

Weshalb ich Will widerspreche

Warum aber war (und ist) eine »richtige« Verfassung, die das Grundgesetz ablöste, überhaupt nötig? Die Verfassungsrechtlerin Rosemarie Will (SPD) dazu: »Ostdeutschland wurde verfassungsrechtlich neu konstituiert durch Eintritt in eine schon bestehende Verfassungsordnung. Nur Ostdeutschland war es möglich, einer Verfassungs- und Rechtsordnung einfach beizutreten, die auf hohem Niveau funktioniert.«

Diese Aussage kann allenfalls bei einer verengten Sicht auf Gesetzestexte und deren »Funktionieren« als ein subjektiver Eindruck hingenommen werden. In Wahrheit haben die DDR-Bürger durch den Beitritt zum hoch gelobten Rechtsstaat BRD allein nach der Gesetzeslage mehr an Rechten verloren als hinzugewonnen. Will schließt an: »So gesehen war die ostdeutsche Situation im Vergleich zu allen anderen osteuropäischen Ländern historisch einmalig.«

Zu der naheliegenden Frage, ob der Beitritt alternativlos gewesen sei, meinte sie, dass auch der Weg über Art. 146 GG mit einer gemeinsamen Verfassungsgebung zu einem *inhaltlich vergleichbaren Ergebnis* geführt hätte.

Ich teile diese Auffassung nicht.

Blendet eine solche Feststellung nicht die sozialen Prozesse und gesellschaftlichen Entwicklungen aus? Ist der Blick nicht zu sehr auf das Parlament und die dort herrschenden Mehrheitsverhältnisse fokussiert?

Von der Demokratie als Volksherrschaft bleiben bei solcher Betrachtung nur noch parlamentarische Mehrheitsverhältnisse übrig.

Ich folge Will aber in ihrer Forderung nach einer neuen Konsensbildung über die Verfassung in der vereinigten Bundesrepublik – sofern sich diese nicht nur auf Parlamentarier bezieht.

Die wichtige politische und soziale Realität eines Verfassungsgebungsprozesses des deutschen Volkes, den man nicht auf die rein juristische und parlamentarische Seite reduzieren darf, untersucht Will leider nicht. Vielmehr bezeichnet sie diesen im Art. 146 GG verbindlich vorgegebenen Vorgang als ein »historisches Wagnis«.

Aber eben diesen Weg – und damit auch jenes »Wagnis« – hatten die »Väter des Grundgesetzes« ausdrücklich vorgesehen. Dabei konnte damals niemand voraussehen, wie dieser historische Vorgang konkret ablaufen würde.

Auffassungen, dass es für dieses »Wagnis« weder in Ost- noch in Westdeutschland damals eine Mehrheit gegeben habe, gründen sich ausschließlich auf parlamentarisch-politische Mehrheiten: einen Volksentscheid hat es nie gegeben, der diese These bestätigt oder widerlegt hätte. Darum bleibt die Feststellung von behaupteten gesellschaftlichen Mehrheiten hypothetisch, selbst wenn Rosemarien Will durchaus logisch argumentiert: »Auch mit einer Verfassungsgebung hätte sich ein kleineres, deutlich ärmeres Land, dessen Staats- und Gesellschaftsordnung gerade zusammengestürzt war, mit einem größeren, reicheren Land, das über eine stabile rechtsstaatliche, demokratische Staats- und Rechtsordnung verfügte, vereinigt.«

Ein Verfassungsgebungsprozess, der an den Bürgern vorbei und über sie hinwegginge, der sich auf den Streit zwischen Juristen und Politikern beschränken würde, würde allerdings zu dem führen, was Will so umschreibt: »Die selben Kompetenz- und Machtprobleme, die den Beitritt prägten, wären aufgetreten« – ich füge an: sofern die maßgebenden politischen Kräfte der BRD den Verfassungsgebungsprozess ebenso undemokratisch hätten ablaufen lassen wollen wie den Beitritt. Unter dieser von Will angenommenen Voraussetzung einer Nichtbeteiligung der Bundesbürger am Verfassungsgebungsprozess setzt sie fort: »Die Reduktion der Verfassungsfrage auf eine einmalige Entscheidung für das Grundgesetz vermied hingegen vollständig die Risiken des Fehlens eines neuen Grundkonsenses.«

Deutlicher kann man die Position Kohls nicht unterstreichen oder unterstützen. Vor allem klammert Will all das aus, was in einer demokratischen Verfassungsdiskussion öffentlich zu machen gewesen und auf den Tisch gekommen wäre. Im Ergebnis erweist sich dieser Beitrag Wills als eine Rechtfertigung der Politik Kohls.

Es bleibt festzuhalten: Der in der Neufassung des Art. 146 GG enthaltene juristische Weg, den Verfassungsbruch wenigstens de jure zu heilen, blieb ein belangloses Papier – bis heute.

Verfassungsdiskussionen in Deutschland nach 1945

Nach der Befreiung vom Hitlerfaschismus durch die Alliierten war das deutsche Volk nicht nur ohne eine gesamtdeutsche Regierung, sondern auch ohne Verfassung. Neben der Überwindung der Kriegsschäden und der Wiederherstellung der elementarsten Lebensbedingungen war eine neue Verfassung geboten: als Rechtsgrundlage einer demokratischen Gesellschaft mit einer entsprechenden Rechtsordnung, die sich deutlich von der Hitlerdiktatur unterschied. Es war daher zeitgemäß, dass verantwortungsbewusste Bürger in Ost und West begannen, für eine solche Verfassung zu arbeiten und entsprechende Überlegungen und Entwürfe zur Diskussion stellten.

Juristen wie Prof. Dr. Peter Alfons Steiniger (1905-1980) forcierten die Debatte für eine neue gesamtdeutsche Verfassung. (*Der Spiegel* 23/1980 schrieb in seinem Nachruf: »Der führende Ost-Berliner Völkerrechtler gehörte zu den Vätern der ersten DDR-Verfassung 1949, in der es für die Nation ›nur eine deutsche Staatsangehörigkeit‹ gab und Deutschland als ›unteilbare demokratische Republik‹ definiert wurde.«)

Am 14. November 1946 lag ein Entwurf vor, er wurde auf einer außerordentlichen Tagung des Parteivorstandes der Sozialistischen Einheitspartei Deutschlands der Öffentlichkeit vorgestellt. Damit war die SED, ein halbes Jahr zuvor aus der Vereinigung von Kommunisten und Sozialdemokraten hervorgegangen, die erste Partei in Deutschland, die ein solches Papier vorlegte.

Die öffentliche Diskussion, an die ich mich sehr gut erinnern kann, verlief weitgehend voraussetzungslos und ohne jegliche Vorbedingung – außer der einen, dass die Grundaussagen des Potsdamer Abkommens galten und die Überwindung des Faschismus und die Verhinderung seiner Wiederkehr vordringliche Aufgabe war.

In die Diskussion flossen unterschiedliche, auch Erfahrungen mit der Weimarer Reichsverfassung ein. Ein neuralgischer Punkt jener Verfassung war der Art. 48, der dem Reichspräsidenten weitreichende Vollmachten zur Machtausübung eingeräumt hatte. Reichspräsident Generalfeldmarschall von Hindenburg hatte dadurch in den letzten Jahren der Weimarer Republik mit Notverordnungen regiert, die die Grundrechte der Bürger aushebelten. Er hatte schließlich am 30. Januar 1933 auch Hitler und der Nazipartei die Macht übertragen.

Der 1946 unterbreitete Entwurf einer gesamtdeutschen Verfassung wurde bis in das Jahr 1949 von den Deutschen in Ost und West diskutiert, in Rundfunk und Presse besprochen sowie auch in den Betrieben in Ostdeutschland beraten. Der Entwurf war auch an Parlamentarier und Politiker, an Juristen und Staatsrechtler in den Westzonen gegangen; selbst der CDU-Vorsitzende Konrad Adenauer antwortete den Herren Pieck und Grotewohl, sein Brief mit einem kurzen Kommentar findet sich in der Stiftung der Archive der Parteien und Massenorganisationen (SAPMO) unter dem Dach des Bundesarchives in Berlin-Zehlendorf.

Im Osten Deutschlands beteiligten sich alle politischen Parteien und Organisationen, so der Freie Deutsche Gewerkschaftsbund (FDGB), die Freie Deutsche Jugend (FDJ), der Demokratische Frauenbund Deutschlands (DFD), der Kulturbund (KB) und andere Vereinigungen an der Diskussion. Es wurden viele Änderungsvorschläge unterbreitet und neue Entwürfe erarbeitet. Zum ersten Mal in seiner Geschichte nahm das deutsche Volk auf demokratische Weise teil am Werden seiner eigenen Verfassung. Diese Diskussion war außerordentlich lebendig und vielseitig; sie war in jener Zeit zwangsläufig unmittelbar mit der Diskussion über Schlussfolgerungen aus der Nazidiktatur und dem verbrecherischen Hitlerkrieg verbunden.

Dieser Meinungsstreit hatte zudem unmittelbare Auswirkungen auf die Ausarbeitung und Verabschiedung der

Verfassungen der deutschen Länder in Ost und West in den Jahren 1946 und 1947.

Auch die im Ganzen sehr demokratisch angelegte Ausarbeitung, Beratung und Verabschiedung der Länderverfassungen – viele beruhten auf Volksentscheiden – war der Sache nach eine gemeinsame Diskussion der Deutschen in Ost und West.

Daher finden sich im Entwurf einer gesamtdeutschen Verfassung wie in den Verfassungen der deutschen Länder jener Zeit viele gleiche oder ähnliche Gedanken und Regelungen.

In allen ging es nicht nur um die Verankerung demokratischer Prinzipien, sondern auch – in unterschiedlicher Weise – um soziale Menschenrechte, um die juristische Verankerung einer demokratischen Wirtschaftsordnung, um die Vergesellschaftung von bedeutenden Produktionsmitteln und ähnliches. Exemplarisch sei auf die Bestimmungen in den ostdeutschen Länderverfassungen über die Enteignung von Nazi- und Kriegsverbrechern verwiesen. Darüber gab es in Sachsen einen Volksentscheid.

Auch in Hessen verfuhr man so. In Art. 41 der Landesverfassung hieß es: »Mit Inkrafttreten dieser Verfassung werden

I. in Gemeineigentum überführt: Bergbau (Kohle, Kali, Erze), die Betriebe der Eisen- und Stahlerzeugung, die Energiewirtschaft und das an Schienen/Oberleitungen gebundene Verkehrswesen;

II. vom Staat beaufsichtigt werden: Banken, Versicherungsunternehmen und diejenigen in I genannten Betriebe, die ihren Sitz nicht in Hessen haben.«

Die US-amerikanische Militärregierung suspendierte diesen Artikel. Später wurde er durch den Text des Grundgesetzes, das solche Vergesellschaftung nicht vorsieht, gegenstandslos.

Allerdings enthält das Grundgesetz im Art. 15 (»Sozialisierung«) eine – niemals praktisch gewordene – Reminiszenz an jene nach Kriegsende weit verbreitete Sozialisierungsforderung der Deutschen in Ost und West.

Aus der Massenbewegung für die »Einheit Deutschlands und einen gerechten Frieden« in Ost und West entstand der »Deutsche Volkskongress«, eine nicht-staatliche Vertretung aller Deutschen, die die staatliche Einheit und einen Friedensvertrag forderten.

Der vom Volkskongress gebildete »Deutsche Volksrat«, vor allem der von ihm geschaffene Verfassungsausschuss, erarbeitete Richtlinien für eine Verfassung. In diese Richtlinien nahmen die Grundgedanken der künftigen gesamtdeutschen Verfassung feste Formen an. Der Deutsche Volksrat trat mit diesen auf seiner 4. Tagung am 3. August 1948 angenommenen Richtlinien vor die deutsche Öffentlichkeit.

Die Ausarbeitung der eigentlichen Verfassung konnte nunmehr beginnen.

Im Oktober 1948 wurde der Entwurf vom Verfassungsausschuss des Volksrates unter Vorsitz Otto Grotewohls gutgeheißen und dem deutschen Volke zur Stellungnahme übermittelt. In den folgenden Monaten nahmen zum zweiten Mal Deutsche in Ost und West in zahlreichen Versammlungen politischer Parteien, demokratischer Organisationen und Verbände, in Zeitungen und im Rundfunk – im Osten auch auf Belegschaftsversammlungen in Betrieben – das Wort zu ihrer Verfassung. Die Hinweise aus der Bevölkerung und unterbreiteten Vorschläge wurden weitgehend berücksichtigt.

In der Ostzone fanden mehr als 9.000 Versammlungen statt, die sich ausschließlich mit dem Verfassungsentwurf beschäftigten. Dem Deutschen Volksrat gingen über 15.000 Vorschläge zu, es gab 503 Änderungsanträge. Im März 1949 war von den 144 Artikeln des Entwurfs der Verfassung entsprechend den von der Bevölkerung unterbreiteten Vorschlägen ein Drittel (genau 52) geändert worden. Die demokratische Mitwirkung an der Gestaltung der Verfassung hat sich deutlich niedergeschlagen.

Was vorlag, war eine Verfassung des Volkes.

Am 19. März 1949 stimmte der Deutsche Volksrat dem demokratisch zustandegekommenen Verfassungsentwurf zu. Er überwies ihn dem Deutschen Volkskongress zur Bestätigung.

Dieser Deutsche Volkskongress war aus allgemeinen, geheimen und direkten Wahlen hervorgegangen, die wegen massiver Behinderung der westdeutschen und der westlichen Militärbehörden nur im Osten Deutschlands uneingeschränkt durchgeführt werden konnten.

Am 29./30. Mai 1949 versammelten sich 1.969 Delegierte (bzw. Vertreter) aus allen Besatzungszonen in Berlin zu ihrem 3. Volkskongress, auf dem der vorgelegte Entwurf einer – für das gesamte Deutschland vorgesehenen – »Verfassung für eine Deutsche Demokratische Republik« verabschiedet wurde.

Dieser Text einer Verfassung für eine gesamtdeutsche Republik war somit beispiellos demokratisch zustande gekommen. So etwas hatte es nie zuvor in Deutschland gegeben. An diese Erfahrungen einer breiten Volksdiskussion um eine neue Verfassung muss erinnert werden, wenn über die Ablösung des Grundgesetzes gemäß Art. 146 GG gesprochen wird. Ich bin davon überzeugt: Auch die BRD-Bürger des 21. Jahrhunderts können substantiell zur Herausbildung einer der Sache nach demokratischen Verfassung beitragen.

Damals, 1949, kam es darauf an, den Verfassungstext tatsächlich, auch staatsrechtlich, zu einer Verfassung Gesamtdeutschlands zu machen: Das Ziel lautete unverändert Schaffung einer gesamtdeutschen »Deutschen Demokratischen Republik«. Es bedurfte dazu einer gesamtdeutschen staatsrechtlichen Repräsentanz, eines gesamtdeutschen Parlaments, das eine gesamtdeutsche Regierung zu wählen und mit der Führung der Regierungsgeschäfte zu beauftragen hätte.

Sie wäre der legitimierte (staats- und völkerrechtliche) Partner für Verhandlungen über einen Friedensvertrag mit Deutschland gewesen. Zu solchen Verhandlungen kam es bekanntlich nie.

Die Spaltung Deutschlands

Die Mehrheit der Deutschen in Ost und West wollte die Einheit Deutschlands und keine Spaltung des Landes. Dem standen eine Minderheit der restaurierten politischen Klasse in den Westzonen und die nationalen Interessen der westlichen Besatzungsmächte entgegen. Die Strategie der USA zum Beispiel bestand aus zwei Zielen: sich dauerhaft auf dem Kontinent festzusetzen und die

Sowjetunion aus Zentraleuropa herauszudrängen. Diese Absichten wurden erfolgreich realisiert – 1994 verließ der letzte russische Soldat Deutschland, das seine Vorfahren befreit und dafür den höchsten Preis von allen Alliierten gezahlt hatten. Diese Strategie der USA war nur dadurch zu verwirklichen, dass in Deutschland – oder zumindest in einem Teil davon – die gleichen wirtschaftlichen und politischen Verhältnisse herrschten wie in den Vereinigten Staaten, wie in Großbritannien und in Frankreich. Eine gesellschaftliche Alternative zum Kapitalismus schloss dies zwingend aus.

Diese Überlegung korrespondierte mit den Vorstellungen traditioneller Separatisten wie Konrad Adenauer, für den nicht etwa die Nazidiktatur das schlimmste Ereignis in der deutschen Geschichte war, sondern der Wiener Kongress 1815, als die rheinischen Provinzen zu Preußen kamen. Konservative Kreise kochten auf dem Feuer des Konfliktes zwischen den einstigen Verbündeten ihr Süppchen, um so ihre Macht neuerlich zu etablieren. Dafür nahmen sie auch die Teilung des Landes in Kauf. Der CDU-Vorsitzende Adenauer hatte die Vorgabe mit dem Satz geliefert: Lieber das halbe Deutschland ganz als das ganze Deutschland halb.

Man wollte am Rhein kein einheitliches demokratisches Deutschland, in dem man sich die Macht mit anderen hätte teilen müssen. Deshalb ließen sich Adenauer & Co. gern in die Strategie der Westmächte einbinden – zunächst bei deren Versuch, »den Kommunismus« einzudämmen (containment), später ihn zurückzurollen (roll back) und dann am Ende das »Reich des Bösen« in einem mörderischen Rüstungswettlauf totzurüsten.

Insofern war es ein wenig ahistorisch, als Gregor Gysi am 14. Mai 2009 im Bundestag erklärte, dass die Deutschen damals mehr Geduld hätten haben müssen. Wenn man sich damals einig gewesen wäre und NEIN zu den Spaltungsabsichten der Besatzungsmächte gesagt hätte, dann wäre die Geschichte anders verlaufen als sie es dann tat. (»Ich glaube, die vier Mächte hätten gar nichts machen können, wenn wir alle gesagt hätten: Nein, wir gründen nur einen Staat zusammen. – Wie hätten sie das verhindern sollen? Aber wir hatten diese Geduld nicht.«)

Halten zu Gnaden: Deutschland war ein – mit allem Recht der Welt – besetztes Land, es galt in allen Zonen Militär- und Besatzungsrecht. Und zwar nicht, weil die Deutschen dazu JA gesagt hatten, sondern weil die internationale Völkergemeinschaft ihr NEIN zu Krieg und Faschismus erklärt hatte. In den Zonen wurde das gemacht oder unterlassen, was die Besatzungsmächte anordneten. Das galt, mehr oder minder modizifiert, bis in die 80er Jahre. Jeder Bundeskanzler, zum Beispiel, musste in einem Schreiben die Vorbehaltsrechte der Westmächte akzeptieren. Dass es ein solches Verdikt überhaupt gab, wissen wir von Egon Bahr, der – als Vertrauter Willy Brandts – ihm 1969 bei der Amtsübernahme diese »Unterwerfungserklärung« (Brandt) zur Unterschrift vorlegte, worauf der Bundeskanzler ziemlich wütend reagierte.

Wenn also wir Deutschen in der zweiten Hälfte der 40er Jahre uns mehrheitlich gegen die Absichten der Besatzungsmächte gestellt hätten, wäre bestenfalls nichts passiert, schlimmstenfalls alliiertes Recht mit Gewalt durchgesetzt worden. Das war die historische Realität.

Alles andere gründet auf Unkenntnis und postumes Wunschdenken.

Zwar hatte die Vereinten Nationen am 26. Juni 1945 in ihrer Charta das Selbstbestimmungsrecht jedes Volkes zum Grundprinzip erhoben, doch für das deutsche Volk galt es nach Krieg und Nazidiktatur nur bedingt. Die DDR und die BRD wurden, wir erinnern uns, nicht grundlos erst 1973, also 28 Jahre nach dem Ende des Dritten Reiches, in die UNO aufgenommen.

Der Fahrplan zur deutschen Teilung und Bildung von zwei Staaten ist bekannt. Wir kennen die »Londoner Empfehlungen« vom Februar/März 1947, in denen die Westmächte und die Benelux-Staaten die Einbindung Westdeutschlands in den Marshall-Plan und andere Überlegungen beschlossen. Maßgeblich jedoch war die separate Währungsreform, die schon 1947 in den USA geplant und vorbereitet wurde. Seit Ende jenes Jahres lag das gedruckte Geld in den Westzonen vor. Seine Ausgabe, wie alle anderen Schritte zuvor geheimdienstlich vorbereitet, erfolgte ein halbes Jahr später, am 20. Juni 1948. Die entwertete Reichsmark, bis dahin in allen Zonen gültiges Zahlungsmittel, floss in die sowjetische Besatzungszone. Dort musste man sich dagegen wehren und ebenfalls neue Banknoten in Umlauf bringen. Das heißt: Der Osten reagierte.

Das tat er zwangsweise auch auf die meisten nachfolgenden Schritte des Westens. Selbst die Gründung eines ostdeutschen Staates am 7. Oktober 1949 war die Antwort auf die Konstituierung eines westdeutschen Staates, wobei sich dieser bis heute uneins ist, auf welches Datum dieses Ereignis gelegt werden soll: Auf den 23.

Mai, als das Grundgesetz verkündet wurde? Auf den 14. August, als in den westdeutschen Ländern ein Bundestag gewählt wurde, auf den 7. September, als sich in Bonn Bundestag und Bundesrat konstituierten? Oder gar auf den 12. September, als die Bundesversammlung Heuss zum Bundespräsidenten wählte, oder auf den 15. September, als Adenauer mit seiner eigenen Stimme Kanzler wurde?

Tatsache bleibt: Die Bundesrepublik Deutschland war bereits geboren, *bevor* in Berlin der Deutsche Volkskongress auf dem verbliebenen Territorium, der Sowjetischen Besatzungszone, die Deutsche Demokratische Republik ausrief, Wilhelm Pieck zum Präsidenten wählte und Otto Grotewohl mit der Regierungsbildung beauftragte. Deutschland wurde also vom Westen und nicht vom Osten gespalten. Die Behauptung des Gegenteils ist die bis heute verbreitete Lebenslüge der Bundesrepublik Deutschland.

Zum Rechtscharakter des Grundgesetzes

Am 1. Juli 1948, Tage nach der Währungsreform, forderten die Militärgouverneure der drei westlichen Besatzungsmächte von den Ministerpräsidenten der westdeutschen Länder im »Frankfurter Dokument I« die Einberufung einer »Verfassungsgebenden Versammlung« bis zum 1. September 1948. Dieses Gremium sollte nach dem Willen der Militärgouverneure eine »Verfassung« für die Trizone ausarbeiten und verabschieden. Damit sollte die währungs- und wirtschaftspolitische

Spaltung nun auch staats- und völkerrechtlich festgeschrieben werden.

Halten wir fest: Alle Maßnahmen gingen ursächlich von den westlichen Besatzungsmächten aus. Ihre »Empfehlungen«, »Vorschläge« und »Hinweise« besaßen angesichts der Macht- und Rechtsverhältnissen in den Besatzungszonen den Charakter von Befehlen.

Auf dem Kasernenhof herrscht bekanntlich keine Demokratie.

Die westdeutschen Länder wollten keine Verfassung für die drei westlichen Zonen, man war sich dort sehr wohl bewusst, dass diese die Spaltung Deutschlands zementieren würde.

Ein letzter Versuch, mit einer Konferenz aller Ministerpräsidenten Deutschlands diesen Prozess zu stoppen, war im Sommer 1947 gescheitert. Die fünf ostdeutschen Regierungschef, deren Wortführer Dr. Carl Steinhoff aus Brandenburg war, reisten aus München ab, nachdem Bayerns Ministerpräsident Ehard der Drohung der SPD-Ministerpräsidenten nachgegeben hatte, die Konferenz zu verlassen, wenn die Ostdeutschen über gesamtdeutsche Fragen diskutieren würden. Die Vorgabe dazu hatte SPD-Chef Kurt Schumacher gemacht. Der wollte, wenn man sich denn mit den Ostdeutschen schon an einen Tisch setzen musste, mit ihnen allenfalls soziale, aber keine politischen Fragen erörtern.

Ohne Rücksprache mit den Politikern aus der Sowjetzone hatte man die Tagesordnung festgelegt, und als diesen deutlich gemacht wurde, dass daran nicht mehr zu rütteln sei, packten sie noch in der Nacht ihre Koffer. Der ehemalige Sozialdemokrat Steinhoff – er sollte 1949 der erste Innenminister der DDR werden – unternahm am nächsten Morgen noch einen Anlauf zur Schlichtung, doch er biss auf Granit. Seine ehemaligen Parteikollegen erwiesen sich als Betonköpfe.

Gleichwohl präferierten die westdeutschen MP einen Kompromiss zu der von den Besatzungsmächten ausgegebenen Auflassung, für ihre Zonen eine Verfassung zu erarbeiten. Ein »Parlamentarischer Rat«, in den die Länder von ihren Landtagen gewählte Vertreter entsandten, sollte ein vorläufiges »Grundgesetz« für eine einheitliche Verwaltung Westdeutschlands – ähnlich der bereits existierenden Bizonenverwaltung – ausarbeiten, »um dem staatlichen Leben« in Westdeutschland »für eine Übergangszeit eine neue Ordnung zu geben«, wie es später in der Präambel des Grundgesetzes heißen würde.

Die Einberufung eines solchen Gremiums aus gewählten Landtagsabgeordneten war legitim und hinreichend demokratisch legitimiert.

Indessen überschritt dieser Parlamentarische Rat seine Kompetenz in jenem Moment, als er ein Verfassungsfunktion erfüllendes Grundgesetz beschloss. Für einen solchen Gesetzgebungsakt – der Inkraftsetzung des Grundgesetzes – fehlten ihm jede demokratische Legitimation und auch jede Rechtsgrundlage.

Nicht zufällig verwandten die drei Westmächte aufgrund ihrer demokratischen Verfassungsgeschichte den auch in der deutschen Verfassungsgeschichte geläufigen Terminus einer »Verfassungsgebenden Versammlung«.

Aufgrund welchen Gesetzes welcher gesetzgebenden Körperschaft wurde aber jener »Parlamentarische Rat« gebildet und tätig?

Die Kommentare zum Grundgesetz schweigen sich üblicherweise über diese juristische, verfassungsrechtliche Frage aus – ganz abgesehen davon, dass in der Politik der BRD dieser Vorgang allgemein ignoriert wird. Die verknappte Lesart lautet: *Plötzlich* war ein »Grundgesetz« in Kraft gesetzt und dann die BRD installiert.

Wäre es nicht angezeigt gewesen, die fehlende Legitimität des »Parlamentarischen Rates«, sich als Gesetzgeber zu gerieren, durch eine »Fiktion«, also durch das Fingieren dieser fehlenden Legitimation, zu »heilen«? Etwa so, wie die Formel in der ursprünglichen Fassung der Präambel des Grundgesetzes lautete: dass das deutsche Volk kraft seiner »verfassungsgebenden Gewalt« dieses Grundgesetz beschlossen habe, dann von den Verfassungsrechtlern als Fiktion deklariert wurde?

Wie auch immer: Es fehlen die demokratische Legitimation und die Rechtsgrundlage.

Dass das deutsche Volk (in toto wie in Teilen) an der Ausarbeitung und Verabschiedung des GG nicht beteiligt war, ist unbestritten, weshalb Verfassungsrechtler zu der oben erwähnten Fiktion dieser »demokratischen Gesetzgebung« greifen mussten. Im Wissen um die historischen Tatsachen fingieren sie die »verfassungsgebende Gewalt« des Volkes. In der historischen Realität konnte dieser »Parlamentarische Rat« nur dank der Befehlsgewalt der westlichen Besatzungsmächte – wenn man so will: dank ihrer »Bajonette« – gesetzgeberisch fungieren, das »Grundgesetz« verabschieden und über seine Verkündung in Kraft treten lassen.

Es wurde, wie im Art. 145 Abs. 3 GG zu lesen steht, in einem »Bundesgesetzblatt« – also im Gesetzblatt eines

Staates, den es noch gar nicht gab – in der Nr. 1, S. 1ff. veröffentlicht.

Es bleibt außerhalb meines juristischen Vorstellungsvermögens, dass irgendjemand, schon gar ein Jurist, diese Inkraftsetzung des GG im Mai 1949 ernst genommen haben und demgemäß bestrebt gewesen sein könnte, ihm nach diesem in Kraft gesetzten Grundgesetz zustehende Rechte, namentlich solche aus dem Grundgesetzkatalog, geltend zu machen.

Der »Parlamentarische Rat« bestand aus 65 Personen; zum Vorsitzenden kreierte sich Dr. Konrad Adenauer, weil er der Älteste der anwesenden Herren war. Er führte später in diesem Rat den Titel »Präsident«.

Am 1. September 1948 bildete dieses Gremium einen Sachverständigenausschuss, der binnen zwei Wochen im einstigen bayerischen Königsschloss Herrenchiemsee den Entwurf eines »Grundgesetzes« zu Papier brachte. Am 8. Mai 1949 wurde dieser Entwurf vom Parlamentarischen Rat mit 53 gegen zwölf Stimmen angenommen.

Nach » schwierigen Verhandlungen« mit den westlichen Alliierten, von denen die Genehmigung abhing und denen es vor allem darum ging, dass ihre Rechte nicht tangiert würden, wurde der Text schließlich von den westlichen Besatzungsmächten mit einigen Vorbehalten gebilligt, wobei sie ihre besonderen Rechte in Bezug auf Berlin, dort speziell die der drei Sektoren, bekräftigten.

In einem von Frankfurt am Main an den Präsidenten des Rates, also Adenauer, gerichteten, von den drei Militärgouverneuren der westlichen Besatzungszonen Deutschlands unterschriebenen »Genehmigungsschreiben« vom 12. Mai 1949 betonten diese – nach einer

Lobrede auf den Text des Grundgesetzes – ihre fortbestehenden Vorbehalte, wonach »Berlin nicht durch den Bund regiert werden wird«.

Am gleichen Tage erließen die Militärgouverneure der westlichen Besatzungszonen Deutschlands – »in Ausübung der von den Regierungen Frankreichs, der Vereinigten Staaten und des Vereinigten Königreiches beibehaltenen obersten Gewalt« – ein Besatzungsstatut, in dem sie – noch vor der Annahme des Grundgesetzes durch den Parlamentarischen Rat und Monate vor der Bildung der BRD – ihre Rechte als Besatzungsmacht fixierten.

Die Landtage der westdeutschen Länder bekamen – ohne jegliche Möglichkeit einer Äußerung zur Sache – Gelegenheit, der Annahme dieses »Grundgesetzes« zuzustimmen, wie es im Artikel 144 Abs. 1 des Grundgesetzes heißt. Die Landesparlamente hatten keine Alternative. Nachrägliche Änderungen am Text waren – in beispiellos undemokratischer Weise – ausgeschlossen worden. Die Landtage konnte also nur zustimmen – oder nicht. Aber mit welchen Konsequenzen? Das Land Bayern stimmte dem Text nicht zu, aber es betonte seine Zugehörigkeit zu der zu schaffenden Bundesrepublik Deutschland.

Am 23. Mai 1949 stellte der Parlamentarische Rat in der Provinz- und Pensionärsstadt Bonn am Rhein in öffentlicher Sitzung fest, dass das am 8. Mai 1949 von diesem Rat beschlossene »Grundgesetz für die Bundesrepublik Deutschland« in der Woche vom 16. bis 22. Mai 1949 von den Volksvertretungen in mehr als zwei Dritteln der beteiligten deutschen Länder angenommen worden sei. Daraufhin fertigte dieser Rat – noch einmal: bar jeglicher staatsrechtlicher Legitimation, denn er war keine staatsrechtliche Institution – das ohne Rechtsgrundlage beschlossene »Grundgesetz für die Bundesrepublik Deutschland« aus.

Eine »Bundesrepublik Deutschland« existierte im Mai 1949 noch nicht, sie war zu jenem Zeitpunkt eine Idee, ein Plan, eine Vision. Nun verkündete dieser Rat am 23. Mai 1949 das »Grundgesetz« unter Bezugnahme auf den staatsrechtlich noch nicht in Kraft gesetzten Art. 145.

Denn das Grundgesetz sollte nach diesem Art. 145 Abs. 2 erst »mit dem Ablauf des Tages der Verkündung in Kraft treten« – also erst etwas später.

Für mich ist und bleibt dies ein juristisches Durcheinander!

Der Text dieses Grundgesetzes wurde gemäß Art. 145 Abs. 3 GG in einem als »Bundesgesetzblatt« bezeichneten Presseorgan publik gemacht.

Konnte dieses zur Gesetzgebung nicht ermächtigte Gremium im Mai 1949 Gesetze in Kraft treten lassen? Konnten dessen »Gesetz«, so das »Grundgesetz«, Rechtskraft erlangen?

Welches westdeutsche Staatsorgan – nicht die Behörden der Länder – hätte dann dessen Geltung gewährleisten und es durchsetzen können? Ferner: Eine Rechtswirkung oder rechtliche Verbindlichkeit besaß dieses »Grundgesetz« damals objektiv nicht.

Der niemals behobene Rechtsmangel der Inkraftsetzung des Grundgesetzes wirkte fort – so bei den ersten Bundestagswahlen und der (rechtsgrundlosen) Konstituierung solcher Organe wie dem Bundestag, dem Bundesrat, dem Bundespräsidenten und der Bundesregierung.

Es mag dies alles – nicht zuletzt dank der tatsächlichen Macht der drei westlichen Besatzer – de facto geschaffen worden sein, de jure hatte es zu jenem fraglichen Zeitpunkt diese BRD noch nicht gegeben.

Vielleicht hat ein allgemeiner Konsens maßgebender politischer Kräfte und Parteien unter dem Schutzschild der westlichen Besatzungsmächte im Sinne einer fortwährenden Übung, also gewohnheitsrechtlich, das GG zu einem Verfassungsfunktion erfüllenden »Grundgesetz« werden lassen.

Wie immer Juristen eine rechtfertigende Begründung dieses Vorgangs liefern, das Zustandekommen des Grundgesetzes ermangelt jeder demokratischen Legitimation und jeder Rechtsgrundlage.

Vielleicht erklärt das auch die Antwort des Bundesverfassungsgerichts auf die Frage nach der Rechtsnachfolge des am 8. Mai 1945 bedingungslos kapitulierenden Deutschen Reiches. Das Land Bayern hatte gegen den Grundlagenvertrag zwischen BRD und DDR geklagt, das BVG am 31. Juli 1973 geurteilt. »Das Deutsche Reich existiert fort, besitzt nach wie vor Rechtsfähigkeit«, hieß es dort überraschend. »Mit der Errichtung der Bundesrepublik Deutschland wurde nicht ein neuer westdeutscher Staat gegründet, sondern ein Teil Deutschlands neu organisiert.« Darum, so die Verfassungsrichter: »Die Bundesrepublik Deutschland ist also nicht Rechtsnachfolger des Deutschen Reiches, sondern als Staat identisch mit dem Staat Deutsches Reich.« Folgt man also der Logik des BVG ist das eigentlich entscheidende Datum für die Entstehung der »Bundesrepublik Deutschland« der 18. Januar 1871, der Tag der Kaiserproklamation in Versailles ... Aber auch dieser Akt war bekanntlich höchst undemokratisch.

Halten wir also fest: Ausgangspunkt war eine Forderung der westlichen Besatzungsmächte; eingesetzt wurde ein »Expertengremium«, das das Grundgesetz in Klausur auf der Herreninsel im Chiemsee – weitab von den Bürgern und ungestört von diesen – ausarbeitete; der Text wurde sanktioniert von den drei westlichen Alliierten, die sich ihre »beibehaltenen« Rechte in ihrem Besatzungsstatut sicherten.

Artikel 144 des Grundgesetzes sieht ausdrücklich keine Volksabstimmung oder einen Volksentscheid über dieses Grundgesetz vor, sondern nur, dass die Landtage diesem bereits von den westlichen Militärgouverneuren gebilligten Text zustimmten.

Anmaßend und verlogen steht in der Präambel, dass »auch für jene Deutsche gehandelt wurde, denen mitzuwirken versagt war«, ohne dass diese in irgendeiner Weise gefragt worden waren oder binnen weniger Tage dazu Gelegenheit gehabt hätten, dieses zu tun. Gemeint waren die Ostdeutschen, aber auch die Westdeutschen hatten keine Möglichkeit.

Die seit 1946 geführten Diskussionen über eine gesamtdeutsche Verfassung hingegen wurden dabei völlig ignoriert.

Adenauer & Co. wollten weder Meinung noch Willen der Ostdeutschen berücksichtigen. Sie wollten über die Ostdeutschen bestimmen. Für sie war die »Soffjetzone« abtrünniges, von Fremden aus Asien zeitweilig besetztes

Gebiet. Eine Irredenta, die vom Westen befreit werden musste.

Ebenso anmaßend wurde im Art. 23 GG der Geltungsbereich auch auf »Groß-Berlin« erstreckt. Dieser Verweis wurde von den drei westlichen Alliierten durch ihr »Genehmigungsschreiben« suspendiert. Die Berliner Abgeordneten hatten dem GG zugestimmt, aber wegen des besonderen Status – das Besatzungsstatuts gilt bis 1990 – zählte dieses Votum nicht.

Grundgesetz war ein gewolltes Provisorium

Der Text des Grundgesetzes kam also in einer beispiellos undemokratischen Art und Weise zustande. An dessen Erarbeitung hatte das deutsche Volk keinen Anteil. Dessen waren und sind sich die Verfassungsrechtler durchaus bewusst. Deshalb wird eine demokratische Legitimation durch das deutsche Volk als eine »verfassungsrechtliche Grundannahme« unterstellt.

Auch die Inanspruchnahme der Ausübung verfassungsgebender Gewalt durch das deutsche Volk und so die fehlende demokratische Legitimation werden stillschweigend vorausgesetzt. Die Aussage in der Präambel, dass »sich *das deutsche Volk* kraft seiner verfassungsgebenden Gewalt dieses Grundgesetz gegeben« habe, ist jedenfalls unzutreffend und eine der vielen verfassungsrechtlichen Lügen neben anderen falschen Aussagen. Es hat niemals eine Volksabstimmung oder eine andere Entscheidung *des deutschen Volkes* über dieses Grundgesetz gegeben.

Die Präambel ist eine Fiktion, wenn nicht gar eine Lüge, wenn dort steht, das deutsche Volk habe sich diese Verfassung gegeben. Diese Fiktion – oder Entstellung der historischen Tatsachen – wird durch eine Neufassung der Präambel perpetuiert, also wiederholt und unterstrichen. Indessen beruht diese Neufassung nicht auf einem ordentlichen Gesetz zur Änderung des GG wie all die zahlreichen Änderungen des Grundgesetzes. Sie beruht – was ebenso nachdrücklich zu betonen ist – auf dem Art. 4 Nr. 1 des bundesdeutschen Einigungsvertragsgesetzes vom 31. August 1990 (BGBl. II S.889f.), das Wochen vor dem Vollzug des Beitritts einseitig von der BRD erlassen worden war. Tatsächlich haben die Bürger der in der neu gefassten Präambel aufgelisteten Bundesländer zu keiner Zeit und in keiner Form »in freier Selbstbestimmung die Einheit und Freiheit Deutschlands vollendet«.

Zu einem solchen außergewöhnlichen historischen Vorgang wurde ihnen keine Gelegenheit gegeben.

Diese Phrase ist somit eine gesetzliche Lüge, bestenfalls eine juristische Fiktion oder Umdeutung.

Die vorgenannte Neufassung war vom Bundestag und der letzten Volkskammer – wie andere den Beitritt betreibenden Gesetze jener Zeit auch – von der Kohl hörigen Mehrheit in beiden Parlamenten verabschiedet worden. Die Bürger selbst waren daran nicht beteiligt.

Die Formel von der freien Selbstbestimmung der Deutschen in der alten und in der neuen Präambel bleibt eine Fiktion und ist eine politische Lüge.

An diesem unheilbaren Geburtsfehler kranken das Grundgesetz und die Bundesrepublik bis heute. Ihm folgte 1990 ein weiterer Geburtsfehler der – nunmehr faktisch vergrößerten – Republik, indem Art. 146 GG mit Füßen getreten und die DDR – unter rechtsfehlerhafter verfassungswidriger Heranziehung des Art. 23 GG – in der Form eines »Beitritts« von der BRD faktisch annektiert wurde.

II. Dort ein Grundgesetz – hier eine Verfassung

Nach der gemäß Art. 38 GG am 14. August 1949 durchgeführten Wahl zum ersten Bundestag der BRD konstituierte sich dieser, wie auch der Bundesrat, am 7. September 1949 in Bonn. Jener Tag wird mitunter als Tag der Gründung der BRD angenommen, ohne dass er jemals als ein Staatsfeiertag begangen worden wäre.

Auf diese Weise entstand ein deutscher Teilstaat mit den klassischen staatsrechtlichen Machtmerkmalen als eigenständiges Völkerrechtssubjekt.

Damit war die Spaltung Deutschlands auch politisch, staatsrechtlich und völkerrechtlich vollzogen.

Was konnten die ostdeutschen Länder, die Bürger der Sowjetischen Besatzungszone, in dieser Situation tun? Mit ihren Länderverfassungen hatten sie entscheidende Schritte zur Überwindung der faschistischen Vergangenheit und zur Einschränkung der Macht der Monopole geleistet und mussten nun auch auf die staats- und völkerrechtlichen Maßnahmen im Westen zwangsläufig reagieren. Es durfte kein staats- und völkerrechtliches Vakuum zugelassen werden, das die Ostdeutschen hätte schutzlos werden lassen. Die eigenständige Gründung eines ostdeutschen Staates war somit, provoziert vom Westen, zu einer Notwendigkeit geworden.

Ein demokratisch zustandegekommener Verfassungstext, wenngleich für eine gesamtdeutsche demokratische Republik, lag vor.

Eine zweite, nicht minder wichtige Voraussetzung bestand darin, dass mit der Volkskongressbewegung über die Landesgrenzen hinweg eine gesamtdeutsche Bewegung zur Sicherung der Einheit Deutschlands Gestalt angenommen hatte.

Diese Volkskongress-Bewegung hatte sich mit dem Deutschen Volksrat ein demokratisch gewähltes Organ, einen Repräsentanten der Deutschen, insbesondere der Ostdeutschen, geschaffen. Er artikulierte ihre Interessen.

Tatsächlich und rechtlich gebotene Antwort

In dieser Situation entschlossen sich – im Einvernehmen mit der Sowjetunion – die maßgeblichen politischen Kräfte Ostdeutschlands, auf die Staatsbildung in Westdeutschland mit der Schaffung eines eigenen Staates zu antworten und die dazu erforderliche Volksvertretung zu schaffen. In diesem Sinne konstituierte sich der »Deutsche Volksrat« am 7. Oktober 1949 als Volkskammer im Sinne des Art. 50 des Textes der für Gesamtdeutschland ausgearbeiteten Verfassung einer Deutschen Demokratischen Republik.

Am gleichen Tage wurden auch die in der Verfassung vorgesehenen Staatsorgane gewählt. Der 7. Oktober wurde als Tag der Gründung der DDR Staatsfeiertag.

Die ostdeutschen Bürger, nunmehr staatsrechtlich organisiert als DDR, hatten keine andere Wahl, als so zu handeln. Ihr Staat erwies sich über vier Jahrzehnte als fähig, die Freiheit, das Leben, die Gesundheit und das Eigentum – das kollektive Volkseigentum wie das persönliche – vor Fremden zu schützen. Zugleich muss aber auch festgestellt werden: Die Gründung dieses Staates entsprach keineswegs den Zielen und Wünschen der Ostdeutschen (nunmehr den Bürgern der DDR) und der Sowjetunion. Deren übereinstimmendes Anliegen war die Erhaltung *der Einheit Deutschlands* bzw. deren Wiederherstellung. An dieser Idee hielt die DDR weit über zwei Jahrzehnte fest und ergriff dazu unterschiedliche Maßnahmen. Erinnert sei an die Kampagne »Deutsche an einen Tisch!« oder die sogenannten Stalin-Noten von 1952, in denen Moskau den Westmächten Vorschläge zur Zukunft Deutschlands unterbreitete.

Die deutschlandpolitischen Vorstöße aus dem Osten, die auch darauf gerichtet waren, eine Wiederbewaffnung im Westen und die Einbindung der BRD in die NATO zu verhindern, wurden ohne Prüfung abgelehnt. Die Westmächte, insbesondere die USA, hatten bereits die Bundesrepublik als wichtiges Element in ihrer antisowjetischen, antikommunistischen Militärstrategie eingebunden. In der Bundesrepublik lebten viele Spitzenmilitärs und Geheimdienstler, die während des Krieges gegen die Sowjetunion reichlich Erfahrungen gesammelt hatten, die man nun zu nutzen hoffte. Da interessierte es wenig, ob diese belastet waren oder sich schuldig gemacht hatten.

Die DDR wehrte sich in den folgenden Jahrzehnten nicht nur erfolgreich gegen die Attacken im Kalten Krieg, sondern sammelte auch hinreichend Erfahrungen bei der Gestaltung einer sozialistischen Gesellschaft. Diese flossen in einen neuen Verfassungsentwurf ein, der den Bürgern zur Diskussion vorgelegt wurde. Per Volksentscheid wurde diese Verfassung am 6. April 1968 in der DDR angenommen.

Im Vergleich mit dem Grundgesetz schnitt sie deutlich besser ab. Die politischen Rechte der Bürger gingen weiter, sie sicherte dem Einzelnen wie auch etwas den Gewerkschaften umfassenden Mitwirkungsrechte zu.

Vor allem aber – und das war ein Fortschritt gegenüber der Verfassung von 1949 – waren darin soziale Menschenrechte gemäß der »Internationalen Konvention über wirtschaftliche, soziale und kulturelle Rechte« vom 16. Dezember 1966 verankert.

Zur Verbindlichkeit der beiden Konstitutionen

Die Bestimmungen der DDR-Verfassungen waren unmittelbar geltendes Recht, so ausdrücklich bestimmt im Art. 105 der Verfassung von 1968. Bereits in der DDR-Verfassung von 1949 hatte es in Art. 144 geheißen: »Alle Bestimmungen dieser Verfassung sind unmittelbar geltendes Recht. Entgegenstehende Bestimmungen sind aufgehoben.«

Demgegenüber sind die Bestimmungen des Grundgesetzes, namentlich die die Grundrechte betreffenden, vielfach lediglich Aufgaben für oder Aufträge an den Gesetzgeber. Zum Grundsatz der Gleichheit der Bürger vor dem Gesetz (Art. 3 GG »Gleichheit vor dem Gesetz«) heißt es: »Männer und Frauen sind gleichberechtigt.« Dennoch blieben die überkommenen gesetzlichen Bestimmungen des BGB mit seinem patriarchalischen Charakter gültig und wurden nur sukzessive in einer sich über Jahrzehnte hinziehenden schrittweisen Gesetzgebung korrigiert. Kurz: Es dauerte Jahrzehnte, um das juristisch durchzusetzen, was Art. 3 Abs. 2 GG als Faktum benannt hatte.

Im Gegensatz dazu waren in der DDR – aufgrund der unmittelbaren Geltung der Bestimmungen ihrer Verfassungen – die Frauen mit dem Tag des Inkrafttretens 1949 gleichberechtigt. Entgegenstehende Gesetze und andere Vorschriften verloren ihre Geltungskraft. War im Einzelfall zweifelhaft, welche Gesetze durch die Verfassung außer Kraft gesetzt worden waren, entschieden die Gerichte der DDR, letztlich ihr Oberstes Gericht, im Sinne der durch die Verfassung günstig gestellten Frauen.

Das Grundgesetz entbehrt zwar einer generellen Bestimmung über die unmittelbare Geltung aller seiner Regelungen, aber in ihm finden sich auch einige Bestimmungen, die unmittelbar gelten. Für den Strafrechtler ist dies besonders deutlich am Art. 102 GG zu erkennen, der die Überschrift trägt »Abschaffung der Todesstrafe«. Selten klar und zwingend ist die Formulierung: »Die Todesstrafe ist abgeschafft.«

Warum wurde nicht auch bei anderen Bestimmungen des Grundgesetzes, namentlich bei solchen, die die Grundrechte der Bürger betreffen, eine so eindeutige Aussage im Text des Grundgesetzes getroffen? Warum enthielt und enthält lediglich Art. 102 GG eine solche Bestimmung? Ungewöhnlich ist durchaus, dass eine solche spezifische Strafbestimmung im (Verfassungsfunktion erfüllenden) Grundgesetz – also nur durch den Parlamentarischen Rat ohne Diskussion in der Öffentlichkeit – hineingeschrieben worden war.

Damals, 1948/49, erfuhr diese Bestimmung angesichts der hohen Kriminalität mit sehr vielen Kapitalverbrechen in der bundesdeutschen Öffentlichkeit keine positive Resonanz. Vielmehr gab es, auch in den folgenden Jahren, viele Stimmen – übrigens auch aus der CDU –, die für eine Wiedereinführung der Todesstrafe plädierten.

Es steht außer Frage: Von diesem ungewöhnlichen Art. 102 GG profitierten unübersehbar Nazi- und Kriegsverbrecher: Adenauer und der Parlamentarische Rat bewahrten sie auf diese Weise vor dem Galgen.

Übrigens gebrauchte dies die sowjetische Führung als Argument gegen das bis in die 80er Jahre wiederholt von der DDR vorgetragene Ansinnen, die Todesstrafe abschaffen zu wollen. Egon Krenz, Mitte der 80er Jahre mit der politischen Führung einer Rechtsreform durch Erich Honecker beauftragt, musste sich von Gorbatschow sagen lassen, dass die DDR in ihre erste Verfassung nicht grundlos die Todesstrafe aufgenommen habe, nämlich um die Nazi- und Kriegsverbrecher angemessen zu bestrafen. Mit der Aufhebung dieser Strafe würde man sich eines antifaschistischen Instruments berauben. Das wäre ein falsches Signal in diese Richtung. Außerdem würden auch in anderen Staaten, so etwa in den USA, Todesurteile verhängt und vollstreckt. Es gäbe darum keinen Handlungsbedarf. Die DDR setzte sich schließlich über solche »Hinweise« hinweg und hob die Todesstrafe auf, zumal sie bereits jahrelang nicht mehr ausgesprochen worden war. Das letzte Todesurteil in der DDR war 1981 vollstreckt worden.

Eine weitere Bestimmung des Grundgesetzes bestätigt die in ihm zum Ausdruck kommende politische Grundhaltung: Art. 102 Abs. 2 GG enthält die im Strafrecht besonders bedeutsame Regelung des Prinzips der Gesetzlichkeit und des Rückwirkungsverbotes, wie sie auch in der DDR-Verfassung von 1949 im Art. 135 geregelt worden waren. Aber die DDR-Verfassung schloss daran im Abs. 3 eine markante Ausnahme an, nämlich: »Ausgenommen sind Maßnahmen und die Anwendung von Bestimmungen, die zur Überwindung des Nazismus, des Faschismus und des Militarismus getroffen wurden oder die zur Ahndung von Verbrechen gegen die Menschlichkeit notwendig sind.« Die antifaschistische, der Strafverfolgung von NS- und Kriegsverbrechen dienende Stoßrichtung dieser Bestimmung ist unübersehbar. Auch wenn sie Jahrzehnte später, inzwischen unzeitgemäß geworden – siehe Gorbatschows Äußerung – gegen die DDR gekehrt werden sollte.

Dem Grundgesetz fehlt eine vergleichbare Regelung, obzwar die strafrechtliche Verfolgung derartiger Verbrechen in Westdeutschland nicht minder geboten, ja unaufschiebbar war.

Mehr noch: Eine für die Strafverfolgung von NS- und Kriegsverbrechen gebotene Reglung fehlte, obwohl die »Allgemeine Erklärung der Menschenrechte« diese Problematik im Art. 11 durch die Verwendung des Terminus »internationales Recht« deutlich angesprochen hatte und etwas später die (westeuropäische) »Konvention zum Schutze der Menschenrechte und Grundfreiheiten« von Rom vom 4. November 1950 in ihrem Art. 7 Abs. 2, der das Prinzip der Strafgesetzlichkeit und das Rückwirkungsverbot enthält. Darin war ausdrücklich bestimmt: »Durch diesen Artikel darf die Verurteilung oder Bestrafung einer Person nicht ausgeschlossen werden, die sich einer Handlung oder Unterlassung schuldig gemacht hat, welche im Zeitpunkt ihrer Begehung nach den allgemeinen von den zivilisierten Völkern anerkannten Rechtsgrundsätzen strafbar war.«

Die BRD weigerte sich, diesem allgemein anerkannten Grundsatz des Völkerstrafrechts zu folgen. Sie machte ausdrücklich einen (völkerrechtlich zulässigen) Vorbehalt gegen diese der Strafverfolgung von NS- und Kriegsverbrechen dienende Regelung. Wiederum verrät das Grundgesetz die Nazi-freundliche Grundhaltung der Bundesrepublik auf dem Gebiete des Strafrechts.

In diesem Zusammenhang sieht sich der Strafrechtler in Bezug auf das Grundgesetz veranlasst, auch auf den ungewöhnlichen Art. 143 GG hinzuweisen, der ursprünglich die Überschrift trug »Hochverrat«.

Auch wenn es ungewöhnlich ist, dass eine solche Bestimmung in einer Verfassung oder einem Grundgesetz festgelegt wird, darf man in gewisser Weise Verständnis dafür haben. Denn die Alliierten hatten aus gutem Grund die faschistischen Hochverratsbestimmungen aufgehoben. Infolgedessen war der in Westdeutschland neu zu schaffende Staat ohne Strafbestimmungen gegen Hochverrat. Um das zu vermeiden, hatten die »Väter des Grundgesetzes« in den Art. 143 eine ausformulierte Strafbestimmung gegen Hochverrat platziert. Allerdings – und das ist Veranlassung, in diesem Zusammenhang darauf einzugehen – wurde diese Bestimmung sehr bald aufgehoben und mit dem Strafrechtsänderungsgesetz (StÄG) vom 30. August 1951 durch eine spezielle strafrechtliche Regelung ersetzt, die als das sogenannte Blitzgesetz bekannt wurde.

In diesem Gesetz wurden nämlich nicht nur neue (eventuell zeitgemäße) Bestimmungen gegen Hochverrat (und auch gegen Landesverrat) aufgenommen. Es wurde eine völlig neuartige Staatsschutzbestimmung geschaffen und in dieses Strafrechtsänderungsgesetz aufgenommen: die der Staatsgefährdung. Sie war gegen den »gewaltlosen« und »schleichenden« Hochverrat vorgesehen und richtete sich vornehmlich gegen Kommunisten, die vermeintlich Fünfte Kolonne Moskaus.

Hierzu ist anzumerken, dass an diesem Gesetz der frühere Ministerialrat im faschistischen Justizministerium Josef Schafheutle mitgewirkt hatte, der, wie der *Spiegel* 23/1987 berichtete, »zusammen mit Freisler« schon das politische Sonderstrafrecht von 1934 entworfen hatte. »Das war kein Zufall. Das war Kontinuität.« Das neue Gesetz ging über das hinaus, was im nazistischen Strafgesetzbuch gesagt war. Es war ein Gesetz des Kalten Krieges mit schwammigen, weit gefassten Straftatbeständen, ein »Gesinnungsstrafrecht«, was später selbst Prof. Dr. Jutta Limbach als Präsidentin des Bundesverfassungsgerichts einräumte.

Das Grundgesetz offenbart in seltener Eindeutigkeit somit eine strafpolitische Grundhaltung der BRD: auf der einen Seite eine Strafbestimmung zum Schutze der Nazi- und Kriegsverbrecher, indem diese vor der Todesstrafe bewahrt wurden – auf der anderen die Option für ein Strafgesetz gegen Hochverrat.

So verrät das Grundgesetz und das daraus abgeleitete 1. Strafrechtsänderungsgesetz eine politische Grundhaltung der BRD in Bezug auf Nazis einerseits und Kommunisten andererseits.

III. Grundgesetz und »Allgemeine Erklärung der Menschenrechte«

Bevor ich auf Konsequenzen und Folgerungen aus der Tatsache des Fortbestehens des Provisoriums »Grundgesetz« zu sprechen komme, scheint es geboten, einige Zusammenhänge und Bezüge dieses Grundgesetzes zu anderen verfassungsrechtlich bzw. auch völkerrechtlich relevanten Dokumenten herzustellen. An erster Stelle ist hier auf das Verhältnis des Grundgesetzes zu der »Allgemeinen Erklärung der Menschenrechte« vom 10. Dezember 1948 einzugehen.

Diese Allgemeine Erklärung besaß zwar keine völkerrechtliche Verbindlichkeit, aber sie gab deutliche Orientierungen. Bis aus dieser Allgemeine Erklärung im Jahre 1966 zu zwei gleichzeitig verabschiedeten wurden, vergingen fast zwei Jahrzehnte.

Allein diese Zeitspanne verrät die Schwierigkeit, sich international verbindlich zu verständigen. Insbesondere die westlichen Staaten sperrten sich gegen eine völkerrechtliche Verbindlichkeit der sozialen, ökonomischen und kulturellen Menschenrechte. Die »Allgemeine Deklaration der Menschenrechte« ist indessen deshalb zum Text des Grundgesetzes in Beziehung zu setzen, weil sie – unbeschadet zunächst noch fehlender völkerrechtlicher Verbindlichkeit – als die gemeinsame Auffassung der Staaten der Welt zu den Menschenrechten anzusehen ist.

Die »Väter des Grundgesetzes« hatten natürlich von dieser Allgemeinen Erklärung Kenntnis. Sehr wahrscheinlich hatten sie sogar die ihr vorangehende Diskussion zu Menschenrechten verfolgt. Deshalb ist die Frage zu stellen: Nahmen sie diese Deklaration ernst oder nicht?

Ich zitierte die hier relevanten Passagen jener Deklaration.

In ihrer Präambel ist von »allen Mitgliedern der menschlichen Familie« die Rede, vom Glauben der Völker der Vereinten Nationen gemäß ihrer Charta an die grundlegenden Menschenrechte, an die Würde und den Wert der menschlichen Person und an die Gleichberechtigung von Mann und Frau.

Die Allgemeine Erklärung handelt nicht von einzelnen, isolierten Individuen, sondern von »allen Mitgliedern der menschlichen Familie«. Deren Würde und Wert verstehen sich gemäß dieser Sicht als Mitglieder einer Gemeinschaft, als Glieder der Menschengemeinschaft insgesamt.

Die Allgemeine Erklärung basiert also nicht auf einem individualistischen Konzept des Menschen. Diese Sicht zieht sich durch die gesamte Erklärung.

Mit diesem Verständnis werden in der Deklaration all jene Menschenrechte aufgelistet, die auch in den »Grundrechten« des Grundgesetzes in Art. 1 ff. verankert sind.

In Art. 22 heißt es: »Jeder Mensch hat als Mitglied der Gesellschaft das Recht auf soziale Sicherheit; er hat Anspruch darauf, durch innerstaatliche Maßnahmen und internationale Zusammenarbeit unter Berücksichtigung der Organisation und der Hilfsmittel jedes Staates in den Genuss der für seine Würde und die freie Entfaltung seiner Persönlichkeit unentbehrlichen wirtschaftlichen, sozialen und kulturellen Rechte zu gelangen.«

Die Deklaration verkündet also keine vom gesellschaftlichen Leben losgelösten Rechte von Individuen, wie sie sich in den Art. 2ff. GG finden.

Sie weist auf die Wichtigkeit wirtschaftlicher, sozialer und kultureller Rechte hin, ohne die die politischen und Bürgerrechte nur zu oft lediglich auf dem Papier stehen.

Daran schließt Art. 23 der Deklaration in erfreulicher Eindeutigkeit an:

»(1) Jeder Mensch hat das Recht auf Arbeit, auf freie Berufswahl, auf angemessene und befriedigende Arbeitsbedingungen sowie auf Schutz gegen Arbeitslosigkeit.

(2) Alle Menschen haben ohne jede unterschiedliche Behandlung das Recht auf gleichen Lohn für gleiche Arbeit.

(3) Jeder Mensch, der arbeitet, hat das Recht auf angemessene und befriedigende Entlohnung, die ihm und seiner Familie eine der menschlichen Würde entsprechende Existenz sichert und die, wenn nötig, durch andere soziale Schutzmaßnahmen zu ergänzen ist.

(4) Jeder Mensch hat das Recht, zum Schutze seiner Interessen Gewerkschaften zu bilden und solchen beizutreten.«

In diesem Sinne setzt Art. 24 fort: »Jeder Mensch hat Anspruch auf Erholung und Freizeit sowie auf eine vernünftige Begrenzung der Arbeitszeit und auf periodischen bezahlten Urlaub.«

Im gleichen Sinne folgt Art. 25:

»(1) Jeder Mensch hat Anspruch auf eine Lebenshaltung, die seine und seiner Familie Gesundheit und Wohlergehen, einschließlich Nahrung, Kleidung, Wohnung, ärztliche Betreuung und der notwendigen Leistungen der sozialen Fürsorge gewährleisten; er hat das Recht auf Sicherheit im Falle von Arbeitslosigkeit, Invalidität, Verwitwung, Alter oder von anderweitigem Verlust seiner Unterhaltsmittel durch unverschuldete Umstände.

(2) Mutter und Kind haben Anspruch auf besondere Hilfe und Unterstützung. Alle Kinder, eheliche und uneheliche, genießen gleichen sozialen Schutz.«

Dem gleichen Geiste folgt Art. 26:

»(1) Jeder Mensch hat das Recht auf Bildung. Der Unterricht muss wenigstens in den elementaren und Grundschulen unentgeltlich sein. Regelmäßiger Unterricht ist obligatorisch. Fachlicher und beruflicher Unterricht soll allgemein zugänglich sein; die höhere Schulbildung soll allen nach Maßgabe ihrer Fähigkeiten und Leistungen in gleicher Weise offen stehen.

(2) Die Ausbildung soll die volle Entfaltung der menschlichen Persönlichkeit und die Stärkung der Achtung der Menschenrechte und Grundfreiheiten zum Ziele haben. Sie soll Verständnis, Geduld und Freundschaft zwischen allen Nationen und allen drastischen oder religiösen Gruppen fördern und die Tätigkeit der Vereinten Nationen zur Aufrechterhaltung des Friedens begünstigen.

(3) In erster Linie haben die Eltern das Recht, die Art der ihren Kindern zuteilwerdenden Bildung zu bestimmen.«

Es folgt Art. 27 mit dem Recht auf Teilhabe am kulturellen Leben:

»(1) Jeder Mensch hat das Recht, am kulturellen Leben der Gemeinschaft frei teilzunehmen, sich der Künste zu erfreuen und am wissenschaftlichen Fortschritt und dessen Wohltaten teilzuhaben.

(2) Jeder Mensch hat das Recht auf Schutz der moralischen und materiellen Interessen, die sich aus jeder wissenschaftlichen, literarischen oder künstlerischen Produktion ergeben, deren Urheber er ist.«

Abschließend drückt Art. 28 das Anliegen der Vereinten Nationen umfassend aus: »Jeder Mensch hat Anspruch auf eine soziale und internationale Ordnung, in welcher die in der vorliegenden Erklärung angeführten Rechte und Freiheiten voll verwirklicht werden können.«

Zutreffend erinnert die Deklaration daran, dass jeder Mensch, der in der Gemeinschaft lebt, nicht nur Rechte, sondern auch Pflichten ihr gegenüber hat. Sie sind im Art. 29 benannt:

»(1) Jeder Mensch hat Pflichten gegenüber der Gemeinschaft, in der allein die freie und volle Entwicklung seiner Persönlichkeit möglich ist.

(2) Jeder Mensch ist in Ausübung seiner Rechte und Freiheiten nur den Beschränkungen unterworfen, die das Gesetz ausschließlich zu dem Zwecke vorsieht, um die Anerkennung und Achtung der Rechte und Freiheiten der anderen zu gewährleisten und den gerechten Anforderungen der Moral, der öffentlichen Ordnung und der allgemeinen Wohlfahrt in einer demokratischen Gesellschaft zu genügen.

(3) Rechte und Freiheiten dürfen in keinem Falle im Widerspruch zu den Zielen und Grundsätzen der Vereinten Nationen ausgeübt werden.«

Es ist legitim zu fragen:

Wie spiegeln sich diese Bestimmungen der »Allgemeinen Erklärung der Menschenrechte« von 1948 im Grundgesetz wider?

Während die BRD die politischen und Bürgerrechte im Grundgesetz weitgehend transformiert und somit umgesetzt hat, blieben die wirtschaftlichen, sozialen und kulturellen Menschenrechte verfassungsrechtlich unbeachtet. Kein einziges dieser Rechte findet sich im Grundgesetz wieder! Das Grundgesetz kennt sie nicht und will sie nicht kennen, geschweige beachten.

Auch später, als die BRD die völkerrechtlich verbindliche Konvention über die wirtschaftlichen, sozialen und kulturellen Menschenrechte vom 16. Dezember 1966 unterzeichnete, ihr also beitrat, und diese Konvention dann am 3. Januar 1976 in Kraft getreten war, wurde weder das Grundgesetz angepasst noch sonst Konsequenzen dieser Konvention in der bundesdeutschen Rechtsordnung veranlasst.

Noch einmal: Das Grundgesetz und die bundesdeutsche Rechtsordnung negieren diese wirtschaftlichen, sozialen und kulturellen Menschenrechte ostentativ. Sie stellen sich damit gegen sie, somit gegen die Mehrheit der Staatengemeinschaft der Völker dieser Erde.

Die BRD wählt willkürlich einige Menschenrechte aus, die ihr gefallen, und missachtet andere, die ihr nicht gefallen – eine höchst eigenwillige selektive Haltung zu den Menschenrechten, ja zum Recht überhaupt. Das leistet sich ein Staat, der anderen – ihm unsympathischen – Staaten Verletzungen von Menschenrechten vorhält. Dazu hat sie kein moralisches Recht.

Für unseren Gegenstand ist festzuhalten: Das Grundgesetz hinkt unverändert jenen Bestimmungen von 1948 und den von 1966 hinterher, die die wirtschaftlichen, sozialen und kulturellen Menschenrechte betreffen.

Weder die »Väter des Grundgesetzes« noch die späteren maßgeblichen Politiker der BRD wollten bzw. wollen diese für die Mehrheit des Volkes bedeutsamen Menschenrechte im Verfassungsrecht oder überhaupt in ihrer Rechtsordnung verankert wissen.

Um auch dieses Manko zu beheben, ist eine Verfassung nötig, die das Provisorium Grundgesetz ablöst.

IV. Grundgesetz und Weimarer Verfassung

War die Bezugnahme auf die »Allgemeine Deklaration der Menschenrechte« darauf gerichtet, das Grundgesetz an diesen international anerkannten Prinzipien zu messen, so erscheint es geboten, um den verfassungsrechtlichen und den verfassungsgeschichtlichen Standort des Grundgesetzes zu kennzeichnen, auf andere deutsche Verfassungen einzugehen.

Die Verfassung des Deutschen Reiches vom 11. August 1919 unterschied sich vom Aufbau des Grundgesetzes. Nach dem ersten Hauptteil, der den »Aufbau und die Aufgaben des Reiches« betrifft, regelt der zweite Hauptteil »Grundrechte und Grundpflichten der Deutschen«. Demgegenüber kennt das Grundgesetz der BRD keine Grundpflichten der Bürger.

Geht so etwas überhaupt, in einem Gemeinwesen, in einer Gesellschaft, die aus zahlreichen unterschiedlichen Menschen besteht, nur Rechte zu gewähren, aber keine Pflichten aufzuerlegen?

Die oben erläuterte Allgemeine Deklaration der Menschenrechte kennt – sinnvoller Weise – Rechte *und* Pflichten der Menschen.

Im zweiten Hauptteil der Reichsverfassung von 1919 werden in einem ersten Abschnitt die Grundrechte und Grundpflichten der »Einzelpersonen« geregelt, um in einem zweiten Abschnitt »Das Gemeinschaftsleben« im Allgemeinen verfassungsrechtlich zu normieren und danach im dritten Abschnitt Fragen der »Religion und Religionsgesellschaften«, in einem vierten Abschnitt »Bildung und Schule« und im fünften Abschnitt »Das Wirtschaftsleben« zu regeln.

Bekanntlich bringt das Grundgesetz Ehe und Familie im Art. 6 und Schulwesen im Art. 7 unter dem Aspekt »Grundrechte«.

Das Thema Religion und Religionsgemeinschaften platziert das Grundgesetz unter Übergangs- und Schlussbestimmungen im Art. 140 GG, der – auch um weitere Diskussionen zu vermeiden – die Bestimmungen der Weimarer Verfassung übernimmt.

Im fünften Abschnitt der Verfassung von Weimar ist das Wirtschaftsleben verfassungsrechtlich geregelt, was für unser Anliegen bedeutsam ist. Dieser Abschnitt beginnt mit Art. 151, der maßgebliche Grundsätze zur Ordnung des Wirtschaftslebens enthält:

»(1) Die Ordnung des Wirtschaftslebens muss den Grundsätzen der Gerechtigkeit mit dem Ziel der Gewährleistung eines menschenwürdigen Daseins für alle entsprechenden. In diesen Grenzen ist die wirtschaftliche Freiheit des Einzelnen zu sichern.

(2) Gesetzlicher Zwang ist nur zulässig zur Verwirklichung bedrohter Rechte oder im Dienste überragender Forderung des gemeinen Wohls.

(3) Die Freiheit des Handels und Gewerbes wird nach Maßgabe der Reichsgesetze gewährleistet.«

Die Weimarer Reichsverfassung überlässt somit – im Gegensatz zum Grundgesetz – dem Wirtschaftsleben keinen verfassungsfreien Raum, sondern gibt grundsätzliche Orientierungen für seine rechtliche Gestaltung. Diese sind – was hier für uns wesentlich ist – auf ein menschenwürdiges Dasein für alle ausgerichtet. Erst und nur in diesem Rahmen wird die wirtschaftliche Freiheit des Einzelnen anerkannt. Die Weimarer Verfassung hat unübersehbar die Belange der Mehrheit des Volkes im Auge. Art. 152 der Weimarer Verfassung besagt: »Im Wirtschaftsverkehr gilt Vertragsfreiheit nach Maßgabe der Gesetze.«

Ergänzt wird diese Bestimmung, um ihr Gewicht zu verstärken, ausdrücklich – obzwar es dafür besondere Gesetze gab (und auch heute gibt) – um diese bemerkenswerte Sätze: »Wucher ist verboten. Rechtsgeschäfte, die gegen die guten Sitten verstoßen, sind nichtig.« Als Verfassungsbestimmung ist dies viel mehr als ähnlich lautende Regelungen in den einfachen Gesetzen.

Art. 153 sichert das Eigentum: »Das Eigentum wird von der Verfassung gewährleistet. Sein Inhalt und seine Schranken ergeben sich aus den Gesetzen.«

Darüber hinaus wurden mögliche Enteignungen geregelt: »Eine Enteignung kann nur zum Wohle der Allgemeinheit und auf gesetzlicher Grundlage vorgenommen werden. Sie erfolgt gegen angemessene Entschädigung, soweit nicht ein Reichsgesetz etwas anderes bestimmt. Wegen der Höhe der Entschädigung ist im Streitfall der Rechtsweg bei den ordentlichen Gerichten offen zu halten, soweit Reichsgesetze nicht anders bestimmen. Enteignung durch das Reich gegenüber Ländern, Gemeinden und gemeinnützigen Verbänden kann nur gegen Entschädigung erfolgen. Eigentum verpflichtet. Sein Gebrauch soll zugleich Dienst sein für das Gemeinbeste.«

Diese Regelungen finden sich zwar z. T. auch im Wortlaut im Art. 14 GG wieder. Dort sind ihre Aussage jedoch zurückhaltender.

Vor allem sah Weimar durch reichsgesetzliche Regelungen die Möglichkeit einer entschädigungslosen Enteignung vor. Solche sind im Grundgesetz nicht einmal im Art. 15, der die irreführende Überschrift »Sozialisierung« trägt, vorgesehen. Das Grundgesetz schützt somit – weitaus stärker als die Weimarer Verfassung – das Privateigentum und den Privateigentümer!

Dass es sich in relevanten Bereichen um gewichtiges Eigentum, vor allem an Produktionsmitteln, handelt und nicht um das bescheidene persönliche Eigentum der Mehrheit des Volkes, liegt auf der Hand, muss aber hier ausdrücklich betont werden.

Die Formulierung des Art. 14 Abs. 2 GG, dass Eigentum verpflichte, erscheint – wie auch die Praxis zum Art. 15 GG lehrt – als eine unverbindliche Sollvorschrift.

Die Weimarer Verfassung enthält im Art. 155 eine bedeutsame Regelung:

»(1) Die Verteilung und Nutzung des Bodens wird von Staats wegen in einer Weise überwacht, die Missbrauch verhütet und dem Ziele zustrebt, jedem Deutschen eine gesunde Wohnung und allen deutschen Familien, besonders den kinderreichen, eine ihren Bedürfnissen entsprechende Wohn- und Wirtschaftsheimstätte zu sichern. Kriegsteilnehmer sind bei dem zu schaffenden Heimstättenrecht besonders zu berücksichtigen.«

Diese außerordentliche bürger-, ja menschenfreundliche Bestimmung sollte man zweimal lesen. Sie stellt nicht nur schlechthin den Grundbesitz unter eine besondere staatliche Aufsicht; in ihr ist die Aufmerksamkeit für Kriegsfolgen bedeutsam.

Im Grundgesetz der BRD findet sich dergleichen nicht, obzwar die Folgen des Zweiten Weltkriegs für die Mehrheit der Deutschen viel massiver waren als die des Ersten.

Im zweiten Absatz des bedeutsamen Art. 155 der Weimarer Verfassung heißt es:

»(2) Grundbesitz, dessen Erwerb zur Befriedigung des Wohnungsbedürfnisses, zur Förderung der Siedlung und zur Urbarmachung oder zur Hebung der Landwirtschaft nötig ist, kann enteignet werden. Die Fideikommisse sind aufzulösen.«

Ohne in Einzelheiten einzusteigen, wird deutlich, dass und wie die Weimarer Verfassung Grund und Boden – im Sinne der genannten Gemeinpflichtigkeit – tatsächlich dem Volke nutzbar zu erhalten oder zu machen bestrebt ist. Gemeinpflichtigkeit erfuhr einen greifbaren Rang gegenüber dem Grundrecht auf Eigentum.

In eben diesem Sinne heißt es im nachfolgenden Absatz dieses Artikels: »Die Bearbeitung und Ausnutzung des Bodens ist eine Pflicht des Grundbesitzers gegenüber der Gemeinschaft. Die Wertsteigerung des Bodens, die ohne eine Arbeits- oder Kapitalaufwendung auf das Grundstück entsteht, ist für die Gesamtheit nutzbar zu machen.«

Auch hier wird die Gemeinpflichtigkeit des Eigentums greifbar und fassbar.

Im gleichen Sinne heißt es dann im folgenden Absatz: »Alle Bodenschätze und alle wirtschaftlich nutzbaren Naturkräfte stehen unter Aufsicht des Staates. Private Regale sind im Wege der Gesetzgebung auf den Staat zu überführen.«

Die Weimarer Verfassung ist – im Rahmen ihrer Möglichkeiten – konsequent und bringt die Gemeinpflichtigkeit des Eigentums, besonders der bei Grund und Boden sowie bei Boden- und Naturschätzen, auf den Punkt.

Vergleichbares findet sich im Grundgesetz nicht.

Anzufragen ist in diesem Zusammenhang bei den Urhebern des Grundgesetzes: Hatte der Zweite Weltkrieg in Deutschland nicht viel gravierendere Auswirkungen auf die Menschen, besonders auf ihre Lebens- und Wohnverhältnisse? Das Grundgesetz hält sich – gemäß seinem insgesamt ahistorischen zeitlosen Konzept – auch insoweit zurück und überlässt damit die Bürger, vor allem die unter Kriegsfolgen betroffene Mehrheit des Volkes verfassungsrechtlich schutzlos.

Insgesamt erfährt der Grundbesitz als eine besondere Art des Eigentums keine Aufmerksamkeit im Grundgesetz. Seine Verwertung, also letztlich die Gewinnerzielung aus Grundbesitz, auch durch Bodenspekulationen, wie wir sie in der diesbezügliche Praxis in der BRD massenhaft erleben, ist nach dem Grundgesetz nur ein »gewöhnlicher Fall« des Grundrechts auf Eigentum.

Schließlich heißt es in diesem Zusammenhang in dem anschließenden Art. 156 der Weimarer Verfassung von 1919:

»(1) Das Reich kann durch Gesetz, unbeschadet der Entschädigung, in sinngemäßer Anwendung der für Enteignung geltenden Bestimmungen, für die Vergesellschaftung geeignete private wirtschaftliche Unternehmungen in Gemeineigentum überführen. Es kann sich selbst, die Länder oder die Gemeinden an der Verwaltung wirtschaftlicher Unternehmen und Verbände beteiligen oder sich daran in anderer Weise einen bestimmenden Einfluss sichern.

(2) Das Reich kann ferner im Falle dringender Bedürfnisse zum Zwecke der Gemeinwirtschaft durch Gesetz wirtschaftliche Unternehmungen und Verbände auf der Grundlage der Selbstverwaltung zusammenschließen mit dem Ziele, die Mitwirkung aller schaffenden Volksteile zu sichern, Arbeitgeber und Arbeitnehmer an der Verwaltung zu beteiligen und Erzeugung, Herstellung, Verteilung, Verwendung, Preisgestaltung sowie Ein- und Ausfuhr der Wirtschaftsgüter nach gemeinwirtschaftlichen Grundsätzen zu regeln.

(3) Die Erwerbs- und Wirtschaftsgenossenschaften und deren Vereinigungen sind auf ihr Verlangen unter Berücksichtigung ihrer Verfassung und Eigenart in die Gemeinschaft einzugliedern.«

Anstelle einer blassen Formulierung von »Sozialisierung« finden sich in der Weimarer Reichsverfassung konkrete beschreitbare Wege der Verwirklichung des Prinzips der Gemeinpflichtigkeit des Eigentums in differenziert Form. Dann bestimmt Art. 157:

»(1) Die Arbeitskraft steht unter dem besonderen Schutz des Reiches.

(2) Das Reich schafft ein Arbeitsrecht."

Auch dem geistigen Eigentum, der geistige Arbeit, sieht sich diese Verfassung verpflichtet. Art. 158 lautet: »Die geistige Arbeit, das Recht der Urheber, Erfinder und Künstler, genießt den Schutz und die Fürsorge des Reiches.«

Art. 159 anerkannte das Recht, Gewerkschaften zu gründen und ihnen beizutreten: »Die Vereinigungsfreiheit zur Wahrung und Förderung der Arbeits- und Wirtschaftsbedingungen ist für jedermann und für alle Berufe gewährleistet. Alle Abreden und Maßnahmen, welche diese Freiheit einzuschränken oder zu behindern suchen, sind rechtswidrig.«

Auch die Anerkennung gesellschaftlicher Tätigkeit bzw. der Ausübung staatsbürgerlicher Rechte durch »Arbeitnehmer« erfuhr in der Weimarer Verfassung im Art. 160 ebenfalls gebührende Aufmerksamkeit: »Wer in einem Dienst- oder Arbeitsverhältnis als Angestellter oder Arbeiter steht, hat das Recht auf die zur Wahrnehmung staatsbürgerlicher Rechte und soweit dadurch der Betriebe nicht erheblich geschädigt wird zur Ausübung ihm übertragener öffentlicher Ehrenämter nötige freie Zeit. Wie weit ihm der Anspruch auf Vergütung erhalten bleibt, bestimmt das Gesetz.«

Art. 161 verankert wichtige soziale Rechte: »Zur Erhaltung der Gesundheit und Arbeitsfähigkeit, zum Schutz der Mutterschaft und zur Vorsorge gegen die wirtschaftlichen Folgen von Alter, Schwäche und Wechselfällen des Lebens schafft das Reich ein umfassendes Versicherungswesen unter maßgeblicher Mitwirkung der Versicherten.«

Im gleichen Sinne heißt es im Art. 162: »Das Reich tritt für eine zwischenstaatliche Regelung der Rechtsverhältnisse der Arbeiter ein, die für die gesamte arbeitende Klasse der Menschheit ein allgemeines Mindestmaß der sozialen Rechte erstrebt.«

Dass auch in diesem Artikel der wichtigste Teil des Volkes, die »arbeitende Klasse«, besonders herausgestellt wird, spricht für den sozialen Sinn dieser Verfassung. In den höchst abstrakten Formulierungen des Grundgesetzes der Bundesrepublik ist für eine solche Sichtweise kein Platz.

Von besonderer Bedeutung ist Art. 163, der – ganz so, wie ich es oben in den Ausführungen zur »Allgemeinen Erklärung der Menschenrechte« hervorgehoben hatte – von Pflichten jedes Deutschen handelt, wenngleich nur von sittlichen Pflichten:

»(1) Jeder Deutsche hat unbeschadet seiner persönlichen Freiheit die sittliche Pflicht, seine geistigen und körperlichen Kräfte so zu betätigen, wie es das Wohl der Gesamtheit erfordert.

(2) Jedem Deutschen soll die Möglichkeit gegeben werden, durch wirtschaftliche Arbeit seinen Unterhalt zu erwerben. Soweit ihm angemessene Arbeitsgelegenheit nicht nachgewiesen werden kann, wird für seinen notwendigen Unterhalt gesorgt. Das nähere wird durch besondere Reichsgesetze bestimmt.«

Auch dem Mittelstand schenkt die Verfassung spezifische Aufmerksamkeit. Art. 164 lautet: »Der selbständige Mittelstand in Landwirtschaft, Gewerbe und Handel ist in Gesetzgebung und Verwaltung zu fördern und gegen Überlastung und Aufsaugung zu schützen.«

Schließlich sind in Art. 165 die Bildung von Arbeiterräten auf allen Ebenen vorgesehen und werden ihre Rechte geregelt.

Diese ausführliche Wiedergabe von hier besonders relevanten Bestimmungen der Weimarer Reichsverfassung schien mir geboten, da sie nicht geläufig, vielfach sogar völlig unbekannt sind, um anschaulich zu machen, in welchem Maße das Grundgesetz besonders hinsichtlich der für die Mehrheit des Volkes bedeutsamen sozialen Grundrechte hinter der Weimarer Verfassung zurückfiel. Denn von solchen Bestimmungen wie den zuletzt wiedergegebenen ist im Grundgesetz weit und breit nichts, nicht einmal ein dahingehender Ansatz zu finden.

Die Weimarer Verfassung kannte sowohl das Individuum, die Einzelperson, als auch die Gemeinschaft, das gesellschaftliche Leben der Bürger mit solchen für deren Leben ausschlaggebenden Bereichen wie die Wirtschaft mit ihren Arbeitsverhältnissen. Demgegenüber klammert das Grundgesetz (fast) alle Fragen des Gemeinschaftslebens aus der verfassungsrechtlichen Reglung aus. Nach dem Grundgesetz gibt es nur das einzelne verfassungsrechtlich isolierte Individuum (Art. 1ff.) und in Art. 20ff. das Staatswesen mit seinen Institutionen.

Da aber in der sozialen Wirklichkeit das gesellschaftliche Leben, vor allem das der Wirtschaft, das Maßgebende ist, verfolgt das Grundgesetz ein einseitiges, zu enges Konzept. Alles, was im gesellschaftlichen Leben, so besonders in der Wirtschaft und aufgrund der Wirtschaft, realiter im Massenumfang geschieht und abläuft, ist verfassungsrechtlich ohne Belang. Das Grundgesetz kümmert sich darum – grundsätzlich – nicht!

Mag die Wirtschaft tun und treiben, was ihr gefällt und ihr Profite einbringt. Es genügt, dass jeder das Recht auf die freie Entfaltung seiner Persönlichkeit hat, wie dies im Art. 2 GG verkündet wird. Wie das Individuum mit seinen wirtschaftlichen Potenzen (!) umgeht, woher es diese überhaupt hat, sofern er solche hat, interessiert das Grundgesetz und seine »Väter« nicht.

Das Grundgesetz gewährt dem mit entsprechenden wirtschaftlichen Potenzen ausgestatteten Individuum Grundrechte und zwar als »Abwehrrechte gegen den Staat«. Der Staat und seine Gewalt, die nach Art. 20 GG – angeblich – »vom Volke« ausgehe, hat sich vom wirtschaftlich ausgestatteten Individuum fernzuhalten.

Mag ein solches libertäres Konzept zu Beginn der Herausbildung des »Rechtsstaats« eine gesellschaftliche und historische Begründung gehabt haben – bereits im 20. Jahrhundert entsprach es nicht mehr der gesellschaftlichen Wirklichkeit.

Die Schöpfer der Weimarer Verfassung hatten dies erkannt und daraus ihre sinnvollen – oben knapp skizzierten – Schlüsse gezogen. Sie regelten in ihrer Verfassung auch wichtige Bereiche des Gemeinschaftslebens, so vor allem der Wirtschaft. Wenn aber, wie im Grundgesetz, zentrale Lebensbereiche des gesellschaftlichen Zusammenlebens, vor allem die Wirtschaft, verfassungsrechtlich frei, tabu, also dem (wirtschaftlichen) Selbstlauf überlassen bleiben, liegt es auf der Hand, dass eine derartige Verfassungsgestaltung den wirtschaftlich Mächtigen freie Fahrt gewährt und die Mehrheit des Volkes deren Wirtschaftsmacht ausliefert. Diese Wirklichkeit erleben Millionen Bürger dieser Republik tagtäglich!

War solches schon bei Abfassung des Grundgesetzes voraus- und absehbar, so haben sechs Jahrzehnte des Wirkens des Grundgesetzes diese Auswirkung in unübersehbarer Massivität demonstriert. Schon ein flüchtiger Blick auf die wirtschaftliche Realität der BRD bestätigt die allgemeine, bereits äußerlich wahrnehmbare Erfahrung ihrer Bürger:

Die Reichen werden immer reicher, die Armen immer ärmer. Es findet eine permanente Umverteilung des gesellschaftlichen Reichtums von unten nach oben statt.

Soll diese verfassungsrechtliche Lage für immer bleiben? Verlangen nicht die Erfahrungen der Mehrheit des Volkes mit dem Grundgesetz ein Überprüfen, eine Korrektur des dort festgeschriebenen verfassungsrechtlichen Konzepts?

Schutzfunktion des Verfassungsrechts und der Gesetze

An dieser Stelle und in diesem Zusammenhang erscheinen aus juristischer Sicht einige generelle Bemerkungen zu der verfassungsrechtlichen Lage geboten. Die in Art. 1ff. GG enthaltenen Grundrechte des Individuums, die als »Abwehrrechte« gegen den Staat verstanden werden, umschließen die allgemeine Handlungsfreiheit des Einzelnen nach Maßgabe seiner persönlichen natürlichen und wirtschaftlichen Voraussetzungen, Fähigkeiten und Möglichkeiten. Sie umschließen die vor allem für die Wirtschaft bedeutsame, in der gesellschaftlichen und juristischen Wirklichkeit kaum eingegrenzte Vertragsfreiheit. Dies begegnet uns alltäglich in vielfältigen Formen.

Folgendes ist wesentlich: Im Rahmen der (rechtlich zulässigen) Vertragsfreiheit setzt sich – wie jeder Sachkundige weiß – regelmäßig der Stärkere, vor allem der wirtschaftlich Stärkere durch. Das gilt auch und oft erst recht im Streitfall, also vor Gericht.

Sofern die Rechtsordnung, vor allem die Verfassungsordnung, die vorgenannten Freiheitsrechte gewährleisten will, sind es in erster Linie bestimmte Schutzgesetze, die den Schwächeren, vor allem den wirtschaftlich Schwächeren, in der Auseinandersetzung mit dem Stärkeren schützen sollen.

Solche Gesetze erfüllen als Gegengewicht gegen die durch die Vertragsfreiheit gestärkte Position des (wirtschaftlich) Stärkeren eine gesellschaftlich höchst bedeutsame Schutzfunktion zugunsten der vor allem wirtschaftlich Schwächeren. Sie ermöglichen (in Grenzen) einen gewissen sozialen Ausgleich und sind daher für das Bestehen, die Erhaltung und Entwicklung der gegebenen Gesellschaft lebenswichtig.

Angesichts dieser enormen Bedeutung von Schutzgesetzen für das Fortbestehen der Gesellschaft verrät eine Rechtsordnung, vor allem ihre Verfassungsordnung, wie sehr dem Staat, dem Gesetzgeber, schon dem Verfassungsgesetzgeber, das Wohl und Wehe der wirtschaftlich Schwächeren, der »kleinen Leute«, am Herzen liegt.

So gesehen entlarvt sich das Grundgesetz als wenig volksfreundlich, substantiell als undemokratisch. Mithin besteht dringender Anlass, das bewusst konservativ gefasste Grundgesetz zu demokratisieren, es volks- und menschenfreundlich zu machen.

V. Ein Verfassungsentwurf des Runden Tisches

Bevor ich auf den Entwurf einer Verfassung der Deutschen Demokratischen Republik des Runden Tisches eingehe, muss ich erinnern, was ein Runder Tisch war.

Ende 1989/Anfang 1990 fanden sich aufgrund der gesellschaftspolitischen Veränderungen in der DDR, darunter von Änderungen der DDR-Verfassung, in verschiedenen Orten und zu unterschiedlichen Gegenständen Bürger mit den jeweiligen staatlichen Organen, besonders den Volksvertretungen, zusammen, um bekannte oder nun aufgetretene aktuelle Probleme des Staates oder der Gemeinden zu erörtern und sie einer Lösung zuzuführen. Das betraf verschiedene Vorgänge oder Vorkommnisse der Wirklichkeit der Demokratie in der DDR.

Runde Tische waren eine spezifische Form des Zusammenwirkens der nach dem DDR-Recht gewählten Volksvertretungen und deren Organe, nämlich des Ministerrates, der Räte der Bezirke und der Kreise sowie der Gemeinden mit engagierten Bürgern. In Berlin war in diesem Sinne eine »Unabhängige Untersuchungskommission zu den Ereignissen vom 7. und 8. Oktober 1989« gebildet worden, die sich mit Übergriffen von Polizei und MfS beschäftigte.

Der »Zentrale Runde Tisch« befasste sich im Zusammenwirken mit der Regierung der DDR mit einer Vielzahl aktueller Probleme, besonders der Gesetzgebung. Dazu gehörten die Vorhaben der sogenannten Modrow-Gesetze, die die Rechte der Bürger sichern sollten, sowie das Rehabilitierungsgesetz der DDR. Eine besondere Dringlichkeit der Lösung verschiedener die Belange der DDR-Bürger betreffender Probleme resultierte daraus, dass immer mehr Menschen in der DDR die praktische Herstellung der Einheit Deutschlands im Blick hatten. Dem entsprachen Vorschläge des Ministerpräsidenten Hans Modrow (»Deutschland einig Vaterland«) über eine Konföderation beider deutscher Staaten und eine stufenweise Annäherung und Angleichung der gesellschaftlichen und Rechtsverhältnisse der DDR, um die Einheit Deutschlands »auf Augenhöhe« zu erreichen.

Unter diesem Gesichtspunkt war es bedeutsam, auch eine den veränderten Verhältnissen in der DDR entsprechende »Verfassung der Deutschen Demokratischen Republik« auszuarbeiten und im Hinblick auf die anstehende Herbeiführung der Einheit Deutschlands zur Verfügung zu haben.

Als absehbar war, dass nicht nur die Aufgabe der Währungshoheit der DDR bevorstand, sondern auch weitergehende Schritte zu einem Anschluss der DDR an die BRD drohten, waren viele Bürger mit Recht besorgt. Verantwortungsbewusste Personen fanden sich zusammen, um eine eigenständige Verfassung der DDR vorzulegen. In diesem Sinne wandte sich der Zentrale Runde Tisch an die am 18. März 1990 gewählte Volkskammer, diesen Entwurf einer Verfassung des Runden Tisches zu diskutieren und ihm durch einen Beschluss des Parlaments das gebotene Gewicht zu verleihen.

Die Arbeit an diesem Entwurf war am 7. Dezember 1989 begonnen worden. Damals ging man noch davon aus, dass die Verfassung öffentlich diskutiert und durch einen Volksentscheid angenommen werden würde. Am 12. März 1990 beschloss der Zentrale Runde Tisch, dass die von ihm beauftragte Arbeitsgruppe ihren Entwurf im April der Öffentlichkeit übergeben sollte. Am 17. Juni sollte über die Verfassung per Volksentscheid abgestimmt werden.

Gemäß Präambel und Art.146 GG sollten dieser Text in die Debatte um eine neue gesamtdeutsche Verfassung einbezogen werden. Auch sah Art. 132 Abs. 3 des Verfassungsentwurfs – im Einklang mit Art. 146 GG – das Zusammentreten einer gesamtdeutschen Verfassungsgebenden Versammlung vor.

So wandte sich der Zentrale Runde Tisch am 4. April 1990 an die Abgeordneten der neu gewählten Volkskammer und baten diese, sich dafür einzusetzen, dass die Volkskammer der Inkraftsetzung dieses Verfassungsentwurfs der Beschlussfassung über verfassungsändernde Einzelgesetze den Vorzug gäbe.

Die von Lothar de Maizière (CDU) geführte Regierung und eine Bundeskanzler Kohl folgende Mehrheit im DDR-Parlament verhinderten dies.

Den Entwurf einer Verfassung der DDR des Runden Tisches durfte es nicht geben. Er war ein Hindernis für den raschen Vollzug des »Beitritts der DDR zum Geltungsbereich des Grundgesetzes«, der Annexion der DDR.

Wie stets, wenn Argumente fehlen, schafft die Politik Tatsachen: Dieser Entwurf wurde negiert, er wurde verschwiegen!

Allein dies ist Grund genug, diesen Entwurf näher zu untersuchen.

Als Jurist frage ich stets nach Rechtsvorschriften.

Jeder nicht ganz unpolitische DDR-Bürger, und vor allem jeder DDR-Jurist, dürfte empfinden, dass dieser Text – obzwar er sich politisch von der seinerzeit noch in Kraft befindlichen DDR-Verfassung unterscheidet oder gar von ihr distanziert – den Geist der DDR, Vorstellungen und Denkweisen der DDR-Bürger reflektiert. Auch sprachlich ist dieser Entwurf erfreulich verständlich und klar abgefasst. Die Handschrift von Schriftstellern ist nicht zu verkennen.

Vor allem: Dieser Verfassungsentwurf war nicht darauf gerichtet, sich der BRD anzuschließen oder ihr beizutreten.

Dies ist deshalb bedeutsam, weil zu prüfen wäre, inwieweit daraus Ansatzpunkte für die im Art. 146 GG vorgesehene Entscheidung des ganzen deutschen Volkes über seine maßgebliche verfassungsrechtliche Grundlage werden könnten – für eine gesamtdeutsche Sichtweise, die auch Einsichten und Erfahrungen der DDR-Bürger berücksichtigt.

Im Folgenden seien einige mir bemerkenswert erscheinende Bestimmungen dieses Verfassungsentwurfs rekapituliert und kommentiert. Danach wird auf die Frage einzugehen sein, wie im Sinne des geltenden Art. 146 GG zu handeln sein wird.

Unübersehbar ist, dass dieser Verfassungsentwurf mit seinen sozialen und anderen Rechten der Bürger weit über den Rahmen der Grundrechte des Grundgesetzes hinausgeht – wie ja auch grundsätzlich die DDR-Verfassungen 1949, 1968 und 1974 den Bürgern viel mehr Rechte einräumten als das Grundgesetz.

In der Präambel heißt es: »Ausgehend von den humanistischen Traditionen, zu welchen die besten Frauen und Männer aller Schichten unseres Volkes beigetragen haben, eingedenk der Verantwortung aller Deutschen für ihre Geschichte und deren Folgen [...], entschlossen, ein demokratisches und solidarisches Gemeinwesen zu entwickeln, das die Würde und Freiheit des einzelnen sichert, gleiches Recht für alle gewährleistet, die Gleichstellung der Geschlechter verbürgt und unsere natürliche Umwelt schützt, geben sich die Bürgerinnen und Bürger der DDR diese Verfassung.«

Es ist offensichtlich, in welchem Maße sich diese Präambel von der des Grundgesetzes unterscheidet.

Art. 1 des Entwurfs kennt, wie das Grundgesetz, die Unantastbarkeit der Würde des Menschen. Aber über die Verpflichtung des Staates, sie zu achten und zu schützen, hinausgehend heißt es im Abs. 2: »Jeder schuldet jedem die Anerkennung als Gleicher.«

Es wird also eine Menschenwürde nicht nur proklamiert, sondern auch eine Aussage dazu getroffen, *wie* diese zu gewährleisten sei.

Im Art. 8, der zeitgemäß den Datenschutz im Interesse des Einzelnen herausstellt, besagt Abs. 2: »Jeder hat das Recht an seinen persönlichen Daten und auf Einsicht in ihn betreffende Akten und Dateien.«

Im Art. 12, der von dem Recht auf Freiheit und Sicherheit der Person handelt, heißt es im Abs. 5: »Die Todesstrafe und auch die lebenslange Freiheitsstrafe sind abgeschafft.« Auch das begrüße ich als Strafrechtler.

Im Art. 14 heißt es: »Niemand darf verpflichtet werden, andere Personen wegen begangener oder drohender

Straftaten anzuzeigen. Für drohende schwere Straftaten kann das Gesetz Ausnahmen vorsehen.«

Nach Art. 25 soll jeder Bürger das Recht auf angemessenen Wohnraum haben. Im Abs. 2 dieses Artikels wurde der soziale Wohnungsbau und die Wohnungserhaltung als staatlich zu fördernde Verpflichtung fixiert.

Art. 27 sah vor, jedem Bürger ein Recht auf Arbeit oder Arbeitsförderung zu gewähren. Nach dem letzten Satz des Abs. 2 dieses Art. 27 sollte – für die DDR-Bürger – die Wehrpflicht abgeschafft sein.

Art. 29 Abs. 2 bestimmte, dass das persönlich genutzte und das genossenschaftliche Eigentum sowie die aufgrund eigener Leistung erworbenen Rentenansprüchen und -anwartschaften unter dem besonderen Schutz der Verfassung stehen.

Eine derartige Bestimmung wäre im Grundgesetz völlig ausgeschlossen.

Art. 30 erklärte die Bildung von Kartellen und marktbeherrschenden Unternehmen für unzulässig.

Art. 31 bestimmte: »Boden und Wirtschaftsunternehmen können zum Zwecke der Vergesellschaftung durch ein Gesetz in selbständige Unternehmen der Gemeinwirtschaft überführt werden.«

Art. 32 erklärte in einer gleichfalls auf die Belange der Allgemeinheit orientierten Weise: »Die Nutzung des Bodens und der Gewässer ist in besonderem Maße den Interessen der Allgemeinheit und künftige Generationen verpflichtet.«

Art. 33 machte den »Schutz der natürlichen Umwelt als Lebensgrundlage gegenwärtiger und künftiger Generationen zu einer Pflicht des Staates und aller Bürger.«

Es stehen also nicht Privatinteressen im Vordergrund, sondern die Interessen der Allgemeinheit.

In einem dritten Abschnitt des Kap. 1 ist unter der Überschrift »Rechte der Sorben« der Schutz von ethnischen Minderheiten, anknüpfend an die DDR-Verfassung, im Art. 34 weiter ausgeführt.

Art. 35 besagt: »Vereinigungen, die sich öffentlichen Aufgaben widmen und dabei auf die öffentliche Meinungsbildung einwirken (Bürgerbewegungen), genießen als Träger freier gesellschaftlicher Gestaltung, Kritik und Kontrolle den besonderen Schutz der Verfassung.«

In einer deutlichen Absage an eine »repräsentative Demokratie« werden im Art. 39 sehr ausführlich die Rechte, Gewerkschaften zu bilden, und die Rechte der Gewerkschaften ausgeführt, einschließlich des Streikrechts der Gewerkschaften. Demgegenüber sollten nach Abs. 5 dieses Artikels Aussperrung verboten sein, da sie sich gegen die »Arbeitnehmer« richten.

Art. 41 bezeichnet die DDR – für die diese Verfassung gedacht war – als einen rechtsstaatlich verfassten demokratischen und sozialen Bundesstaat, der aus Ländern besteht.

Art. 43 kennzeichnet die Farben »Schwarz, Rot, Gold« als die der Staatsflagge; als Wappen war die Darstellung des auf Frieden ausgerichteten Motivs »Schwerter zu Pflugscharen« gewählt worden.

Art. 89 sah vor, dass Gesetze durch die Volkskammer oder durch Volksentscheid beschlossen werden, also erneut eine Absage an die »repräsentative Demokratie«.

Art. 98 regelte Gesetzesvorlagen zu einem Volksentscheid: sie sollten durch Volksbegehren beim Präsiden-

ten der Republik eingebracht werden. Art. 107 verankerte die Unabhängigkeit der Richter, die nur der Verfassung
und dem Gesetz unterworfen sind.

Art. 108 sah ein Verfassungsgericht vor.

Art. 127 bestimmte: »Das Recht der DDR gilt nach
Maßgabe dieses Artikels fort, soweit es dieser Verfassung nicht widerspricht.«

Die Fortgeltung des Rechts der DDR – gegebenenfalls
als Landesgesetze – wurde somit nicht nach dem Grundgesetz bestimmt, sondern nach dieser zu verabschieden-
den Verfassung. Art. 131 verfügte: »Die Bodenreform
und die Eigentumsentziehungen, die durch Art. 24 der
Verfassung der DDR vom 7. Oktober 1949 bestätigt worden sind, sind unantastbar.« Im Weiteren wurden auch
andere Enteignungen grundsätzlich bekräftigt. Darüber
hinaus waren Regelungen über Rückübertragung und
ähnliches vorgesehen.

Schließlich enthielt Abs. 1 des Art. 132 spezielle Regelungen im Hinblick auf eine mögliche (und wahr-
scheinliche) Vereinigung mit der Bundesrepublik. Es
hieß dort: »Wird die Einheit durch einen Beitritt zur
Bundesrepublik Deutschland verwirklicht, so sind die
Voraussetzungen, unter denen das Grundgesetz der Bundesrepublik Deutschland für das gegenwärtige Hoheitsgebiet der DDR in Kraft gesetzt wird, durch Vereinbarung zu regeln.«

Anders als bei dem von Kohl durchgesetzten »Beitritt« sollten die Voraussetzungen, unter denen das
Grundgesetz für das Staatsgebiet der DDR in Kraft gesetzt würde, ausdrücklich durch besondere Vereinbarung
geregelt werden. Die DDR und ihre Bürger sollten also

nicht rechtlos in die Einheit gehen, wie es per 3. Oktober 1990 dann tatsächlich geschah.

Nach Abs. 2 dieses Art. 132 bedurfte die vorgenannte Vereinbarung zu ihrer Wirksamkeit der Zustimmung von zwei Dritteln der Mitglieder der Volkskammer und der Bestätigung in einem Volksentscheid.

Der »Beitritt zum Geltungsbereich des Grundgesetzes« sollte jedenfalls in demokratischen Formen vonstatten gehen und die mehrheitliche Billigung durch die Bürger der DDR voraussetzen. In diesem Sinne sollte nach Abs. 3 dieses Art. 132 die gebotene Vereinbarung Regelungen über die beschleunigte Angleichung der Wirtschaftskraft der auf dem gegenwärtigen Hoheitsgebiet der DDR gelegenen Landesteile und der Lebensverhältnisse ihrer Bewohner an die im jetzigen Gebiet der Bundesrepublik Deutschland bestehenden Verhältnisse enthalten.

Der Verfassungsentwurf des Runden Tisches war eine deutliche Kampfansage gegen das »Reprivatisierungsgesetz« vom 17. Juni 1990 mit der Schaffung des Instruments dieser Reprivatisierung, jener von vielen DDR-Bürgern verfluchten Treuhandanstalt.

Zur Verwirklichung des Rechts der Bürger der DDR auf Beteiligung an der demokratischen Selbstbestimmung des deutschen Volkes wurde für erforderlich gehalten, auf das Zusammentreten einer gesamtdeutschen verfassungsgebenden Versammlung gemäß Art. 146 GG hinzuwirken.

Nach Abs. 4 des Art. 132 war vorgesehen, dass die in dieser Verfassung garantierten Menschen- und Bürgerrechte auf dem Hoheitsgebiet der DDR auch dann fortgalten, wenn sie Rechte begründen, die im Grundgesetz nicht enthalten sind. Damit sollten die weitergehenden Rechte der DDR-Bürger auch im Falle eines Beitritts gewahrt und garantiert bleiben.

Das sollte auch für die unmittelbare Bindung Dritter an diese Rechte gelten, indem sie als Landesverfassungsrecht fortgalten. Die Geltung des Art. 31 GG, nach der Bundesrecht Landesrecht breche, sollte insoweit ausgeschlossen sein. Demgemäß sollte die Vereinbarung vorsehen, dass Rechtsvorschriften der DDR, die mit dem vorgenannten Recht vereinbar sind, nicht aber mit dem Grundgesetz, für die Bundesrepublik Deutschland abweichend von Art. 31 GG, als Landesrecht auf dem gegenwärtigen Hoheitsgebiet der DDR fortwirken.

Änderungen des nach diesem Absatz fortbestehenden Rechts sollten der Zustimmung aller auf dem Hoheitsgebiet der DDR eingerichteten Länder bedürfen.

Nach Art. 135 Abs. 1 bedurfte diese Verfassung zu ihrer Annahme eines Beschlusses der Volkskammer mit der Mehrheit von zwei Dritteln ihrer Mitglieder und einer Bestätigung durch Volksentscheid. Sie sollte als vorläufiges Grundgesetz durch einen Beschluss der Volkskammer mit der Mehrheit von zwei Dritteln ihrer Mitglieder in Kraft gesetzt werden können.

Im Art. 136 hieß es: »Diese Verfassung verliert ihre Gültigkeit an dem Tage, an dem eine Verfassung in Kraft tritt, die von einer gesamtdeutschen verfassungsgebenden Versammlung beschlossen und durch einen Volksentscheid bestätigt worden ist, oder an dem Tage, in dem sie nach Eintritt der Voraussetzungen des Artikels 132 (Beitritt) außer Kraft gesetzt wird.«

Versuch einer Bewertung dieses Verfassungsentwurfs

Auch ohne eingehendes Studium des Textes dieses Verfassungsentwurfs ist zweierlei unschwer erkennbar: Er
vermeidet jegliche Formulierung, die auf einen sozialistischen Staat verweist, insbesondere Formulierungen, die
die führende Rolle der Arbeiterklasse und ihrer Partei betreffen. Das hat seinen Grund darin, dass die politische
Führung der DDR, die in den 60er und 70er Jahren bei
den Bürgern der DDR an Ansehen gewonnen hatte, dieses später, so vor allem in der zweiten Hälfte der 80er
Jahre, zunehmend verlor.

Andererseits enthält der Text unübersehbar Bestim-
mungen über soziale Rechte und über eine umfassende
Mitwirkung der Bürger, wie sie in der Verfassung der
DDR von 1968 verankert waren.

Die Absage an eine »repräsentative Demokratie«, die
von BRD-Politikern favorisiert wird, ist unübersehbar.

Die Vorlage dieses Entwurfs einer Verfassung der
Deutschen Demokratischen Republik im Jahr 1990 dürfte von ihren Bürgern mit ganz überwiegender Mehrheit
unterstützt und gebilligt worden sein. Denn sie enthält –
unter Vermeidung bedenklicher Betonungen der Merk-
male eines sozialistischen Staates – all die Erkenntnisse
und Lebenserfahrungen, die die Bürger der DDR in etwa
40 Jahren gesammelt hatten.

Dazu gehören die Verankerung sozialer Grundrechte,
das Recht auf breite und vielfältige Mitgestaltung der
Gesellschaft, aber auch neue verfassungsrechtliche For-
derungen wie den Datenschutz und den Umweltschutz,
den Schutz der Natur.

Alle derartigen verfassungspolitischen Vorstellungen bewegen sich in jene Richtung, wie wir sie bei den Länderverfassungen der »neuen« Länder sichtbar werden. Die innere Kontinuität ist unverkennbar.

Darauf wies auch die Verfassungsrechtlerin Rosemarie Will hin. Sie hob besonders hervor die sozialen Staatsziele, den Ausbau des sozialen Rechtsstaates, den Umweltschutz, die Stärkung der Rechte der Opposition in Volksvertretungen und plebiszitäre Elemente.

Zu betonen wäre noch, dass die am Runden Tisch vertretenen Parteien, mit Ausnahme der Vereinigten Linken, ab Februar 1990 der »Regierung der Nationalen Verantwortung« unter Ministerpräsident Hans Modrow angehörten. Das ist für die hier schließlich zu erörternde Frage der inhaltlichen Verwirklichung des Art. 146 GG von grundlegender Bedeutung.

Es überrascht nicht, dass die Kohl hörige Mehrheit der letzten Volkskammer der DDR wie auch die letzte Regierung sich mit aller Macht gegen eine von solchen Inhalten bestimmte Debatte über diesen Verfassungsentwurf stemmte – hatten sie doch ihr Hauptaugenmerk darauf gerichtet, die DDR schnellstmöglich zu beseitigen und sich der Bundesrepublik anzuschließen. Bundeskanzler Helmut Kohl und seinen Mannen lagen selbstverständlich nicht das Wohl und Wehe der Bürger der DDR und ihre Interessen und Wünsche am Herzen. Sie waren nur als Stimmvieh, wie sie es bei den Wahlen im März 1990 »üben« durften, und als Konsumenten bedeutsam. Ein Selbstbestimmungsrecht der Ostdeutschen war für Kohl von vornherein außerhalb jeder Erwägung und Betrachtung.

VI. Für die Verwirklichung des Art. 146
des Grundgesetzes

Die Vorstellung von der Erfüllung des Art. 146 GG läuft darauf hinaus, dass die Bürger – wie bei Wahlen zum Bundestag – eine ihnen zur Bestätigung durch Ankreuzen vorgelegten Text einer (neuen) Verfassung annehmen oder ablehnen dürfen. Das wäre ein ganz formaler »Verfassungsgebungsprozess«, der diesen Namen nicht verdient.

Bei einem solchen »Verfassungsgebungsprozess«, würde das Ergebnis nicht sehr viel anders sein als beim Beitritt, so Rosemarie Will, zumal die beigetretenen DDR-Bürger in der absoluten Minderheit blieben und von den Westdeutschen majorisiert werden würden. Eine solche pro Forma-Volksabstimmung über einen von anderen vorbereiteten und vorgelegten Verfassungstext brauchen wir nicht!

Solches entspräche auch nicht der demokratischen Idee des Art. 146 GG, der im Sinne einer Volksherrschaft, wie ihn die Väter des Grundgesetzes 1949 gewollt hatten, dass eine Verfassung »von dem deutschen Volke in freier Entscheidung beschlossen« werden wird.

Dem demokratischen Geist des Art. 146 GG entspräche vielmehr eine offene Diskussion der Bürger über ihre Verfassung. Dergleichen wäre in deutschen Landen nichts Neues, nichts Ungewöhnliches.

Insoweit darf an die seit 1946 in den deutschen Länder geführten Diskussionen über die Länderverfassungen und die damals in ganz Deutschland geführte Volksdiskussion über eine gesamtdeutsche Verfassung erinnert werden, die sich über etwa zweieinhalb Jahre erstreckte.

Mehrere Länderverfassungen erlangten ihre Geltung durch Volksentscheide.

Daher ist einzutreten für eine demokratische Volksdiskussion über eine Verfassung der Bundesrepublik Deutschland.

Zu einer Volksdiskussion über eine neue Verfassung gehört in erster Linie eine breite, über die politischen Parteien reichende Beteiligung der Öffentlichkeit, der Bürger. Da die den politischen Parteien angehörenden Bürger nur einen Bruchteil der bundesdeutschen Bevölkerung ausmachen (etwa drei Prozent), bedarf es für die gebotene demokratische Volksdiskussion der Gewinnung und Einbeziehung von Kräften, über die traditionellen Parteien hinaus. In erster Linie ist an die Einbeziehung der Gewerkschaften zu denken, einer international anerkannten Organisation, die die Interessen der »Arbeitnehmer« zu vertreten berufen ist und damit – über die aktuelle Zahl der Mitgliedschaft in Gewerkschaften hinaus – die Interessen breiter Kreise des Volkes einschließlich der Menschen mit Migrationshintergrund vertritt. Auch Jugend- und Frauenorganisationen sind zu beteiligen, Arbeitslosenverbände und Kulturorganisationen, Vereinigungen, die sich für die Menschenrechte und die Opfer von Menschenrechtsverletzungen einsetzen, Weltanschauungs- und Religionsgemeinschaften sowie Verbände, die sich für und mit Menschen mit Behinderungen einsetzen, somit unterschiedliche Vereinigungen, die die Breite des Volkes repräsentieren und nicht an Parteien im Sinne des Art. 21 GG gebunden sind.

Für die Beteiligung der »Wirtschaft« und ihrer Gremien an der gebotenen Volksdiskussion muss ich mich nicht besonders einsetzen. Sie hat nicht nur ihre Gremien, Stimmen, Sprachrohre und anderen Instrumente politischen Wirkens, sondern vor allem eine starke Wirtschaftskraft mit ihren Einflussmöglichkeiten zur Verfügung.

In diesem Zusammenhang wird auch der im Art. 146 GG verwendete Terminus »deutsches Volk« zu überdenken sein. Im Jahre 1949 konnte dieser Terminus hingenommen werden, da wohl an die »Deutschen in Ost und West« gedacht war. Aber wer gehört heute in der BRD zum »deutschen Volk«? Wie viele ursprünglich Fremdstämmige, ja auch ihre Nachkommen, wurden inzwischen nicht nur als »Staatsangehörige« Deutsche, sondern beherrschen mitunter unsere Sprache besser als gebürtige Deutsche und haben »unsere« Kultur nicht nur angenommen, sondern tragen zu ihrer Entfaltung bei? Die Rede ist von etwa 15 Millionen Menschen mit »Migrationshintergrund«. Soll der Terminus vom »deutschen Volk« im Art. 146 GG staatsrechtlich im Sinne einer »Staatsangehörigkeit« bzw. der Wahlberechtigung gemäß Art. 38 Abs. 2 GG verstanden werden?

Auch wenn die Teilnahme an der Abstimmung auf Wahlberechtigte begrenzt wird, sind die Interessen und Stimmen der anderen Mitbürger nicht von vornherein zu ignorieren. Hieran schließt sich die Frage an, wer, welches Gremium, soll den »Verfassungsgebungsprozess« in der Hand haben und behalten?

Solches dem Bundestag zu überlassen, trüge nicht dazu bei, die gebotene Breite der Volksdiskussion zu gewährleisten. Der Bundestag wird von den bekannten politischen Parteien beherrscht und wäre von vornherein ein zu eng gefasstes Gremium.

Nahe liegt, eine viel breiter angelegte demokratische Repräsentation des Volkes damit zu betrauen. Diesem müsste obliegen, im Ergebnis der allgemeinen Volksaussprache dem deutschen Volke einen Entwurf einer Verfassung der Bundesrepublik Deutschland zur Diskussion vorzulegen, um in deren Ergebnis nach entsprechender Überarbeitung einen »fertigen« Text zur Annahme zu unterbreiten. Das braucht Zeit, die uns die Sache einer »Verfassung des deutschen Volkes« wert sein sollte. Das braucht auch (finanzielle) Mittel, die der Staat – wenn ihm an Demokratie gelegen ist – aufwenden wird.

Inhalte der Volksdiskussion

Die zweite Hauptfrage betrifft den Inhalt dieser Volksdiskussion im Rahmen eines Verfassungsgebungsprozesses. Vor einer Ausformulierung eines juristisch sauberen Verfassungstextes steht die Aussprache über die in diese Verfassung aufzunehmenden Inhalte. Sicher werden diese in großem Umfang solche Fragen betreffen, die bereits im Grundgesetz geregelt sind. Ist aber das Grundgesetz ein für alle Zeiten begrenzter Gegenstand einer deutschen Verfassung?

Schon allgemeine rechtsphilosophische Erkenntnisse widersprechen einer solche Annahme und vor allem die deutsche Verfassungsgeschichte. Es darf daher für eine Volksaussprache, die diesen Namen verdient, kein denkbares Verfassungsthema von vornherein ausgeschlossen werden.

Erinnert sei daran, dass jene Nachkriegsvolksdiskussion über eine neue gesamtdeutsche Verfassung der Jahre 1946 bis 1949 nicht mit der Formulierung von Bestimmungen begann, sondern mit der Ausarbeitung und Veröffentlichung von Thesen, also von Themen und Gegenständen für diese Verfassung.

Dieser Weg ist auch heute bei einem ernst gemeinten Vorhaben der Erfüllung des Verfassungsauftrages des Art. 146 GG zu beschreiten.

Eine Volksaussprache wird es nur dann, wenn voraussetzungslos über die vom Grundgesetz erfassten und heute aktuell erscheinenden Fragen einer Verfassung hinaus diskutiert werden darf, die für das Leben der Bürger bedeutsam sind. Die Betonung liegt auf »für das Leben der Bürger bedeutsam«.

Selbstverständlich muss eine Verfassung auch verschiedene andere Fragen regeln, so die Funktionen und die Einsetzung von Behörden im Staat, die derzeit vor allem in den Abschnitten über Bundesrat, Bundespräsident und Bundesregierung zu finden sind.

Demgegenüber dürfte sich die Volksaussprache vor allem auf den Bereich der Grundrechte, der Menschenrechte (gemäß der beiden »Internationalen Konventionen von 1966), des Schutzes der Bürger und ihrer Lebenswelt konzentrieren. Dabei sind die Lebenserfahrungen der Bürger in Ost und West, die nach 1949 an Gewicht gewannen, zu berücksichtigen, wie sie sich u. a. im Text des Verfassungsentwurfs des Runden Tischs, aber auch in den neuen Landesverfassungen der ostdeutschen Länder widerspiegeln. Ähnliches zeigte sich z. T. auch bei der Überarbeitung des Grundgesetzes nach 1990 und verschiedene zeitgemäßen Bundesgesetze (so zum Datenschutz, zu Familienfragen und anderen).

In diesem Zusammenhang ist wertvoll, was die Verfassungsrechtlerin Rosemarie Will zu den neuen Länderverfassungen der ostdeutschen Länder sowie zum Verfassungsentwurf des Runden Tisches schrieb. Es genügt hier, auf den Gesichtspunkt der sozialen, ökonomischen und kulturellen Menschenrechte und das dringende Erfordernis ihrer Verankerung in einer Verfassung der BRD hinzuweisen. Dass die wirtschaftlich gut dastehende Bundesrepublik bis heute die auch von ihr unterzeichnete Internationale Konvention von 1966 über die ökonomischen, sozialen und kulturellen Menschenrechte nicht umgesetzt, nicht in ihr nationales Recht transformierte, ja nicht einmal diesbezügliche Staatszielbestimmungen aufnahm, ist unerträglich und nicht mehr weiter hinnehmbar.

Das Recht auf Arbeit ist – wie bereits erwähnt – im Grundgesetz nicht verankert, einzig die Freiheit der Berufswahl im Art. 12 GG, also die Freiheit, einen Beruf zu wählen. Solches Recht steht Selbstständigen, Unternehmern u. ä. zu. Die »Arbeitnehmer« bleiben außen vor.

Denn wenn das Recht auf Arbeit nicht verfassungsrechtlich verankert, geschweige verwirklicht wird, bleibt das Recht der Freiheit der Berufswahl für die überwiegende Mehrheit des Volkes eine Schimäre. Dieses Recht des Art. 12 GG erweist sich als eine spezifische Ausprägung des allgemeinen Freiheitsrechts des Art. 2 GG und des Rechts auf Eigentum gem. Art. 14 GG.

Der überwiegenden Mehrheit des Volkes gewährt das Grundgesetz keine für ihr Leben bedeutsamen Rechte. In diesen Zusammenhang gehört die verpflichtende Aufnahme eines Gesetzgebungsauftrages der Schaffung und Verabschiedung eines seit Jahrzehnten immer wieder geforderten *Arbeitsgesetzbuches*. Dass die Bundesrepublik, die sich gern als sozialer Rechtsstaat darstellt, bis heute kein Arbeitsgesetzbuch zustande brachte, ist eine juristische Schande und ein politischer Skandal.

Die für erforderlich gehaltene Volksaussprache wird den sozialen Menschenrechten, einschließlich der Rechte der Frauen, der Familienförderung wie der Kindererziehung, die in den letzten Jahren durch manch sinnvolle Gesetzgebung Aufmerksamkeit auf sich gezogen hat, gebührendes Gewicht beizumessen haben. Was in der überarbeiteten Fassung des Art. 6 GG steht, bleibt unzureichend.

Auch besteht Veranlassung zu überdenken, inwieweit das Recht auf Bildung, darin eingeschlossen der finanziellen Sicherung solcher auch für junge Menschen aus weniger begüterten Schichten des Volkes, in konkreter Form deutlich gemacht werden soll.

Gleiches gilt für die Gewährleistung der Gesundheit der Bürger, des Umweltschutz und der Ökologie im weitesten Sinne.

Bei einer Volksaussprache, wo die Interessen der Menschen im Vordergrund stehen sollten, müssen diese Gesichtspunkte entsprechende Form annehmen.

Nicht zuletzt gehört dazu auch zu erörtern, wie die Verbindlichkeit der Bestimmungen der Verfassung gewährleistet wird. Beispielhaft sei daran erinnert, dass die im Abs. 2 Art. 3 GG verankerte Gleichberechtigung von Mann und Frau durch Art. 117 GG bis zum 31. März 1953 suspendiert wurde; die erforderlichen Gesetze wurden dann schrittweise erst nach Jahrzehnten verabschiedet.

Unabhängig davon, wie die Grundrechte der Bürger (Art. 2ff. GG) verfassungstheoretisch aufgefasst und verstanden werden, ist der Schutz der Bürger durch diese Grundrechte in der Ausrichtung lediglich auf den Schutz vor drohenden Verletzungen dieser Rechte allein durch staatliche Behörden nicht mehr ausreichend.

Gefahren für die Freiheit, für Leib und Leben, für die Unverletzlichkeit der Wohnung, für die Gleichheit vor dem Gesetz und viele andere Rechte der Bürger drohen heutzutage in weit stärkerem Maße von anderer Seite, so von der Wirtschaft, von den Medien, darin eingeschlossen das Internet, und verschiedenen Privatpersonen. Den Schutz der Bürger vor solchen Gefahren lediglich auf die Ebene des einfachen Rechts (BGB usw.) zu verweisen, entspricht nicht mehr der Lebenswirklichkeit und den Erfahrungen der Menschen. Alle Erfahrung besagt, dass Gefahren für den Bürger und Bedrohungen seiner Rechte meist weniger von staatlichen Behörden ausgehen oder zu besorgen sind, sondern von anderen Einrichtungen, von Unternehmen verschiedener Art, auch von den elektronischen Medien und Einrichtungen der modernen Kommunikationstechnik.

Schließlich geben verschiedene Vorgänge der jüngeren Zeit Veranlassung, auch an die Aufnahme eine »Klausel« gegen Unmenschlichkeit in die zu beschließende Verfassung zu denken. Bei aller durch das

Grundgesetz gewährten und zu gewährenden Freiheit wird eine verfassungsrechtliche Schranke oder Barriere gegen Ideologien und Aktivitäten der Missachtung anderer Menschen, so allein wegen ihrer »anderen« Hautfarbe, Herkunft, Religion oder Weltanschauung zu errichten sein. Gewiss verankert Art. 3 GG, der die zutreffende Überschrift »Gleichheit vor dem Gesetz« trägt, für alle Menschen die juristische »Gleichheit« – exakter die juristische – Gleichstellung, unbeschadet des Geschlechts, seiner Abstammung, seiner Rasse seiner Sprache, seiner Heimat und Herkunft, seines Glaubens, seiner religiösen oder politischen Anschauungen. Aber dieses wichtige Grundrecht, als Abwehrrecht gegen den Staat verstanden, bewahrt die Bürger, die hier in der BRD lebenden Menschen nicht vor Nachteilen oder Übergriffen, die aus menschenverachtenden Ideologien, wie dem Faschismus, und derartigen menschenfeindlichen Handlungen erwachsen.

Unbeschadet vorhandener oder neu zu schaffender Strafgesetze erscheint eine Grundsatzbestimmung, die dann auch als Auftrag an den Gesetzgeber zu verstehen sein wird, geboten. Ihre Formulierung wird sich unschwer der international geläufigen Begrifflichkeit anlehnen können. Da Art. 3 GG – als Abwehrrecht gegen den Staat – lediglich einen Rechtsanspruch der einzelnen Bürger gegen diesen und seine Behörden gewährleistet, fehlt im derzeitigen Verfassungsrecht der BRD eine Grundsatzaussage dahingehend, dass solche, auf vorgenannten Ideologien oder Einstellungen beruhendes Handeln verfassungswidrig und daher für jedermann verboten ist.

Eine derartige verfassungsrechtliche Grundsatzbe-stimmung wäre dann, soweit noch nicht geschehen – ähnlich wie im Falle des Art. 26 GG (Verbot des Angriffskrieges) – durch einfachrechtliche Bestimmungen des Straf-, Verwaltungs- und Privatrechts zu unterset-zen. Darüber hinaus würde eine solche »Klausel« auch den Gerichten in ihrer Rechtssprechung, bis zum Bundesverfassungsgericht, eine Auslegungshilfe bieten.

Themen und Aspekte der vorliegenden Art sollten als ersten Schritt in einer Problemauflistung für eine Volks-diskussion über eine Verfassung der Bundesrepublik Deutschland Platz finden. Daraus könnten sich dann Thesen einer Volksaussprache zu einer Verfassung der Bundesrepublik Deutschland herauskristallisieren.

Das ist ein langer Weg, an dessen Anfang nicht nur der politische Wille der etablierten Kräfte hierzulande steht, sondern vor allem auch das Bedürfnis des Souve-räns, die bestehenden Verhältnisse zu verändern. Doch dazu müssen die offenkundig um sich greifende Lethar-gie und gesellschaftliches Desinteresse erst einmal über-wunden werden – was, wie es scheint, am wenigsten die herrschende politische Klasse wünscht. Wohl wissend, dass auch ihre eigene Basis damit schwindet.

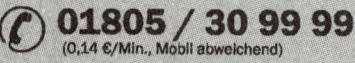